Thomas Baier

PauCARE – Ratgeber für Lehrer

Impressum

Bibliografische Information Der Deutschen Bibliothek

Die Deutsche Bibliothek verzeichnet diese Publikation in der Deutschen Nationalbibliografie; detaillierte bibliografische Daten sind im Internet über http://dnb.ddb.de abrufbar.

Veröffentlicht im CARE-LINE Verlag GmbH, D-82061 Neuried
Copyright / Konzeptidee © 2003 by Thomas Baier
Alle Rechte vorbehalten. Nachdruck, auch auszugsweise, verboten.
Der Begriff „PauCARE" ist geschützt.
ISBN 3-932849-97-3

Autoren: Anne Rotter, Thomas Baier

Layout und Satz: Carsten Klein, Rita Flenger

Illustrationen: Peter Butschkow

Verlag: CARE-LINE Verlag GmbH
                  Fichtenstraße 2
                  82061 Neuried
                  Tel.: 089/74 55 51-0, Telefax: 089/74 55 51-13
                  E-Mail: verlag@care-line.de
                  Internet: www.paucare.de / www.care-line.de

Inhalt

Inhalt

Lehrer und gesund? Ist das etwa ein Widerspruch? *„Die Krankheiten befallen uns nicht aus heiterem Himmel, sondern entwickeln sich aus den täglichen kleinen Sünden wider die Natur. Wenn diese sich gehäuft haben, brechen sie scheinbar auf einmal hervor."* Das wusste schon Hippokrates.

Immer mehr Lehrer klagen über ihren im wahrsten Sinne „nervenaufreibenden" Job. Schwierige Schüler und fordernde Eltern tragen ihre unterschiedlichen Erwartungen an die Lehrer heran, die sich dabei häufig überfordert fühlen. Nicht selten leidet die Gesundheit darunter. Gesundheit ist jedoch mehr als die Abwesenheit von Krankheit und: Gesundheit ist lernbar! Mit Hilfe dieses Ratgebers werden sich die Lehrer ihrer eigenen Verantwortung für die Erhaltung ihrer Gesundheit bewusst und erhalten nützliche Tipps. Durch mentale Übungen und sanftes, effektives Körpertraining stärken sie positive Gefühle. Durch Rückbesinnung auf die eigenen Bedürfnisse und eine bewusste Wahrnehmung des eigenen Körpers gelingt ein gelassener Lehrer-Alltag. Dieses Buch möchte den geplagten Pädagogen die „richtige Einstellung sich selbst gegenüber" vermitteln, mit der man Gesundheit und Wohlbefinden erlangt.

Gesundheit bedeutet nicht alles, aber ohne Gesundheit ist alles nichts.
Arthur Schopenhauer (1788–1860)

Thomas Baier

Weitere Anregungen zur Alltagsbewältigung finden Sie auf meiner Website *www.paucare.de*.

„Tue deinem Körper Gutes,
damit deine Seele Lust hat,
darin zu wohnen.“

(Theresa v. Avita)

Wenn jemand niest, wünschen Sie ihm *„Gesundheit!"*. Werden Menschen danach gefragt, was sie sich am meisten wünschen, so ist meistens die spontane Antwort: Gesundheit. Gesundheit ist tatsächlich unser höchstes Gut. Das werden vor allem die Menschen bestätigen, die vielleicht schon eine schwere gesundheitliche Krise durchgestanden haben oder sich möglicherweise gerade in einer befinden.

Gesundheit ist unser höchstes Gut.

Aber was ist eigentlich Gesundheit?

Möglicherweise werden Sie jetzt sagen: *„Ich bin gesund, wenn ich nicht krank bin."* Das ist eine gängige Auffassung, die selbst in der Medizin weit verbreitet ist. Dies suggeriert, dass man bereits gesund ist, wenn man Krankheiten beseitigt oder aus dem Weg geht. Nach dieser Auffassung gibt es nur zwei Zustände: Entweder man ist krank oder gesund. Doch gibt es nicht Übergänge? Zwischenstadien? Es gibt paradoxe Fälle, in denen sich ein Kranker gesund fühlt oder ein scheinbar gesunder Mensch krank? Viele „Gesunde" schleppen sich zur Arbeit, fühlen sich erschöpft und lustlos, klagen über Kopfschmerzen, Verspannungen oder Ähnliches, ohne vom medizinischen Standpunkt aus krank zu sein.

Keiner ist nur gesund oder nur krank.
Dr. rer. Pol. Gerhard Kocher (*1939) Schweizer Politologe und Gesundheitsökonom

Heutzutage konzentriert sich die Medizin vor allem auf die Behandlungen von Erkrankungen und die Diagnose. Die Heilkunst der Antike beruhte dagegen auf einer Gesundheitslehre, in der es vor allem um eine Stärkung der Gesundheit und um Vorbeugung ging. Die Vorstellung eines Gleichgewichts verschiedener Aspekte eines Individuums spielte dabei eine bedeutende Rolle. Gesundheit hieß das Ergebnis einer rechten Lebensführung. Fehler in dieser richtigen Lebensführung beeinträchtigten damit das natürliche Gleichgewicht und die innere Harmonie. Somit war die antike Medizin darauf ausgerichtet, diese Fehler zu korrigieren und durch Gymnastik, Hygiene, Musik, Diätetik und anderes die eigene Gesundheit zu unterstützen. Die Prävention stand also im Vordergrund, das heißt die Vorbeugung neuer Krankheiten. Auch sah man Krankheit und Gesundheit nicht als zwei entgegengesetzte Pole, sondern stellte sich ein lineares Modell vor, das die Grenzen zwischen krank und gesund beinhaltet. Keiner ist ganz und gar krank oder gesund, sondern immer nur mehr oder weniger gesund. Der Idealzustand war interessanterweise ein neutraler, der zwischen Gesundheit und Krankheit lag.

Jeder Mensch hat individuelle Bedürfnisse.

In der Antike bedeutete Gesundheit eine eigenverantwortlich von einer einzelnen Person erbrachte Leistung.

Gesundheit erreichen statt Krankheit bekämpfen

Wir sollten uns an den alten Griechen und Römern ein Beispiel nehmen und unser Augenmerk mehr auf unsere Gesundheit richten und wie wir diese schützen und bewahren können. Die entscheidende Frage ist demnach, was gesund hält, und nicht, was krank macht. Gesundheit ist keinesfalls selbstverständlich und normal, im Gegenteil: Wir müssen verstehen, dass gerade das Ungleichgewicht ein Grundprinzip des Lebens ist. Wir sollten uns also fragen, was uns hilft, unsere Gesundheit aufrechtzuerhalten oder zu verbessern. Belastende Situationen müssen allerdings nicht nur negativ gesehen werden. Stressoren gehören zum Leben dazu und können durchaus positiv wirken, wenn beispielsweise damit eine Weiterentwicklung von Fähigkeiten verbunden ist. Sie als Lehrer sind besonderen belastenden Einflüssen ausgesetzt. Wie können Sie es schaffen, gesund zu bleiben? Welche Hilfsmittel stehen Ihnen hierbei zur Verfügung? Wie können Sie mit Beschwerden und ungünstigen Bedingungen so umgehen, dass keiner Schaden davon trägt?

Erkennen Sie das Ungleichgewicht in Ihrem Leben.

> *Im Folgenden möchte ich Ihnen verschiedene Übungen und Tipps geben, wie Sie mehr für Ihre seelische und körperliche Gesundheit tun können, wie Sie Ihr Gleichgewicht finden und was Sie für sich tun können, um sich rundum gesund und ausgeglichen zu fühlen.*

Körper und Geist

Gleichgewicht und Wohlbefinden kann sich nur einstellen, wenn man sich in seiner Haut wohl fühlt. Körper und Geist sind schließlich untrennbar verbunden und beeinflussen sich gegenseitig. Wir beanspruchen unseren Körper oft und geben ihm zu wenig Entspannung. Doch jede Anspannung braucht auch eine Entspannung, wenn das Gleichgewicht nicht gestört werden will. Wir beanspruchen unsere Stimme, wenn wir viel sprechen und – im Lehrerberuf leider öfters notwendig – oft laut. Wir belasten unsere Beine und Füße, wenn wir viel stehen, und vielleicht auch zu häufig unseren Magen mit ungesunden Speisen. Kein Wunder, dass sich die unbeachteten Körperteile irgendwann zu Wort melden. Stressbelastungen sind allgegenwärtig.

Körper und Geist sind zwei miteinander verbundene Elemente eines Ganzen.

Ich möchte Ihnen kurz die Verbindung zwischen Körper und Geist erläutern, indem wir das Nervensystem betrachten. Unser Nervensystem lässt sich in einen willentlich gesteuerten Bereich und in einen autonomen, relativ selbstständigen Bereich unterteilen. Unsere willentlichen und bewussten Handlungen werden durch das somatische oder animale Nervensystem gesteuert. Das vegetative Nervensystem dagegen regelt die inneren Lebensfunktionen wie Atmung, Verdauung, Stoffwechsel, Drüsensekretion. Das vegetative Nervensystem ist relativ autonom und unabhängig von unserem bewussten Willen. Allerdings nicht ganz: Besonders seelische Vorgänge wirken auf das vegetative Nervensystem, auf den Sympathikus und den Parasympathikus, die zwei Teile des vegetativen Nervensys-

Stressfaktoren greifen die Nerven an.

tems. Während der Sympathikus eine Leistungssteigerung des gesamten Organismus ermöglicht, ist der Parasympathikus als Gegenspieler für Regeneration und Erholung zuständig, also für Prozesse wie Aufbau des Körpergewebes. Vor allem dann, wenn der Körper sich im Ruhezustand befindet, kann er optimal arbeiten. Dieses Zusammenwirken von Parasympathikus und Sympathikus zielt auf einen harmonischen Wechsel von Anspannung und Entspannung, von Arbeit und Erholung. Fühlen wir uns wohl und gesund, sind diese beiden Antipoden im Gleichgewicht und gleichen Störungen sofort aus.

Aktivität und Entspannung gehen Hand in Hand.

Das, was wir im allgemein als „Stress" bezeichnen, sind Ereignisse, die uns Angst machen, die uns emotional aufregen oder erschüttern, uns erschrecken oder beunruhigen. Das vegetative Nervensystem reagiert auf diese Reize alarmierend und der Symapthikus wird aktiviert. Das bemerken wir unter anderem, indem sich der Puls erhöht, die Atmung sich beschleunigt, die Muskeln anspannen und vermehrt Schweiß abgesondert wird. Der Körper ist in Alarmbereitschaft und stellt alle Energien bereit, um diese Stresssituation zu meistern. Der Körper bereitet sich auf Aktivität, nämlich Flucht oder Angriff, vor. Dieser Stress ist aber auch gesund, denn ständige Unterforderung ist auch nicht gut für unsere Gesundheit. Wir brauchen eine gewisse Belastung.

Sicher haben Sie schon einmal folgende Situation in einer ähnlichen Weise erlebt: Sie haben sich besonders viel Mühe bei der Gestaltung einer Unterrichtsstunde gegeben, doch die Schüler sind unaufmerksam, stören, sind laut und unkonzentriert.

Sie spüren eine wachsende Aufregung und werden ärgerlich. Sie werden laut, lassen einen Schrei fahren und erklären den Schülern, dass Sie enttäuscht sind, und sagen offen, worüber Sie sich ärgern, ohne aber Drohungen auszusprechen. Die Schüler sind erst einmal erschrocken, werden aber ruhig und reißen sich jetzt zusammen.

Obwohl es in diesem Beispiel mehr um Ärger geht, ist es doch ein gutes Beispiel für positiven Stress, denn die Anspannung war nur von relativ kurzer Dauer. Leider leiden aber viele Lehrer heute unter dauerhafter Stressbelastung, nicht selten ausgelöst von einer sogenannten Doppelbelastung von Schule und Familie. Dieser negative Distress (im Gegensatz zum positiven Eustress) beeinträchtigt die körperliche und psychische Gesundheit. Der entscheidende Unterschied ist nämlich, dass es nicht zu einer Erholungsphase kommt, sondern sich eine Stressbelastung an die nächste reiht, so dass es zu einer Art innerem Dauernotstand kommt. Der innere harmonische Wechsel von Anspannung und Entspannung ist gestört. Wir fühlen uns ständig „unter Druck" und können keine Ruhe mehr finden. Die Folge können chronische Krankheiten wie Bluthochdruck, erhöhter Blutzucker, erhöhter Herzschlag et cetera sein.

In Notfällen vollbringen wir Höchstleistungen.

Entscheidend ist die Art, wie Sie mit dem alltäglichen Berufs- und womöglich auch Freizeitstress umgehen. Ganz entscheidend für eine gelungene Bewältigung der Belastungen sind die Ressourcen, die Ihnen dafür zur Verfügung stehen. Das können ganz verschiedene sein und sind sicher für jede Person anderer Art. Eines lässt sich aber für alle feststellen, nämlich dass unsere Psyche einen enormen Einfluss auf unsere körperliche Gesundheit hat und umgekehrt. Gesundheit, Freude, Glück, Wohlbefinden, Zufriedenheit – all diese Begriffe hängen eng miteinander zusammen. Vor allem die seelische Gesundheit ist mit der Fähigkeit, sich selbst etwas Gutes zu tun, gekennzeichnet. Andersherum schlägt sich psychische Krankheit auch auf den Körper nieder. Wir bezeichnen das als psychosomatische Erkrankungen.

Es sollte wie bei den alten Griechen und Römern wieder unser Ziel und unsere Aufgabe sein, uns für unser Glück und unsere Gesundheit selbst verantwortlich zu fühlen und Spaß daran entwickeln, uns etwas Gutes zu tun und uns im Gleichgewicht zu halten.

Unter gesundheitlichen Gesichtspunkten hat sich bewiesen, dass der Wechsel von Anspannung und Entspannung sehr günstig ist. Aus diesem Grund sollte Sport und Körperarbeit am besten auch mit Entspannung kombiniert werden. Die meisten Fitnesscenter und Gesundheitszentren haben mittlerweile Ruhestätten, Saunen und Wellnessbereiche, in denen es sich gut abschalten lässt. Belastende Alltagssituationen, sogenannte Problemkinder und schwierige Schüler, die Sie noch in Ihr Privatleben hinein geistig beschäftigen, die tägliche Organisation Ihrer Familie et cetera können gesundheitliche Beschwerden begünstigen. Ich denke, es ist einleuchtend, dass Entspannung ein ganz wesentlicher Faktor gegen die ständige Überforderung im Beruf und Alltag. Werden Sie sich bitte bewusst, dass Sie selbst für Ihre Gesundheit

Werden Sie sich Ihres Körpers und der Verantwortung ihm gegenüber bewusst.

verantwortlich sind, dass es sehr an Ihnen selbst liegt, ob Sie sich Zeit für sich nehmen, um neue Energie zu tanken und sich wieder „aufzuladen". Verschiedene Entspannungstechniken können Ihnen helfen, Ihre Gesundheit zu stärken, ein positiveres Körpergefühl zu entwickeln und eine bessere Haltung einzunehmen. Sie sollten sich angewöhnen, täglich etwa 20 Minuten zu üben. Diese Zeit ist nicht verloren. Im Gegenteil: Sie sind im Anschluss ausgeruht, angenehm entspannt und fit. Nur wenn Sie Ihrem Körper und Geist täglich Entspannung gönnen, können Sie auch wieder Leistung erbringen, konzentriert in die Schule gehen und gelassen Ihre Aufgaben bewältigen. Es gibt verschiedene Körperübungen, die Ihnen helfen können, Stress und Verspannungen zu lösen. Vor allem konzentrative Atemübungen können gezielt einzelne Körperteile mit mehr Sauerstoff und Energie versorgen.

Verwöhnen Sie Geist und Körper durch Entspannung.

Ich möchte Ihnen jetzt einige Übungen vorstellen, die Sie zwischendurch in kleinen Pausen, aber auch zu Hause anwenden können. Wichtig ist, dass Sie sich dafür zurückziehen und Sie für diese Zeit ungestört sind. Seien Sie sicher, dass keiner in den Raum platzt und stellen Sie auch eventuell Ihr Telefon ab. Nehmen Sie sich diese Zeit ganz bewusst!

Übungen für den Alltag

Atemübungen

Folgende Atemübungen sind sehr einfach und leicht nachzumachen. Die Übungen beruhigen den Körper und bringen ihn wieder ins Gleichgewicht. Sie kommen während der Übungen zur Ruhe und fühlen sich anschließend verjüngt und frisch. Sie schulen Ihre Aufmerksamkeit und beruhigen Ihren Atem. Sie werden spüren, wie Ihr Körper mit neuer Energie aufgeladen wird, und einen klaren Geist haben. Wenn Sie sich mehr dafür interessieren, sollten Sie einen Kurs an der Volkshochschule belegen und regelmäßig einen Kurs besuchen.

Gezielte Atem-Übungen für mehr Energie!

1. Atemübungen im Liegen

Legen Sie sich auf ein Sofa oder eine Liege. Spüren Sie, wie Sie aufliegen, wie sich Ihr Körper anfühlt, während Sie so da liegen. Schließen Sie dabei die Augen. Lassen Sie sich fallen und geben Sie Ihr Gewicht an die Unterfläche ab, auf der Sie liegen. Vertrauen Sie sich dem Boden an: Er trägt Sie. Holen Sie tief Luft und spüren Sie, wie die Energie in Ihren Körper strömt. Versorgen Sie jedes einzelne Körperteil mit frischer Energie. Beginnen Sie mit dem linken Fuß. Atmen Sie ein und stellen Sie sich beim Ausatmen vor, wie der Atem in Ihren linken Fuß strömt, eine angenehme Wärme verströmt und Ihr Fuß schwerer wird. Gehen Sie in Gedanken weiter zu Ihrer linken Wade. Tief einatmen und den Atemstrom in die linke Wade leiten. Spüren Sie die Energie? Seien Sie achtsam: Wie fühlt sich das an? Wird es an der Stelle warm oder kalt? Liegt Ihr Kopf

Seien Sie achtsam!

angenehm auf? Achten Sie darauf, dass Ihr Unterkiefer entspannt und locker ist. Konzentrieren Sie sich ganz auf Ihre gleichmäßige Atmung. Fahren Sie so mit all Ihren Körperteilen und inneren Organen fort, bis Sie an Ihrem Kopf angelangt sind. Öffnen Sie langsam wieder die Augen, strecken und recken Sie sich richtig durch und atmen Sie tief aus.

2. Atemübung im Stehen

Stehen Sie aufrecht. Halten Sie Ihre Arme nach unten vor das Becken, die Fingerspitzen berühren sich. Gehen Sie beim Einatmen etwas in die Knie, öffnen Sie Ihre Arme in einer Flügelbewegung nach außen. Tief ausatmen und sich dann wieder strecken. Wiederholen Sie diese Übung etwa 10-mal. Wenn Sie möchten, hören Sie dabei Meditationsmusik oder klassische Musik. Wichtig ist, dass Sie Ihre Atmung bewusst wahrnehmen und sich auf sie konzentrieren.

3. Atemübung im Sitzen

Setzen Sie sich bequem auf einen Stuhl und lehnen Sie Ihren Rücken nicht an. Schließen Sie die Augen und kommen Sie zur Ruhe. Halten Sie sich dann mit dem rechten Daumen das rechte Nasenloch zu und atmen Sie bewusst durch das linke Nasenloch ein und aus. Dann halten Sie sich das linke zu und atmen nur durch das rechte Nasenloch ein und langsam aus. Machen Sie diese Übung im Wechsel etwa 5 Minuten lang. Dann lehnen Sie sich entspannt zurück und spüren noch etwas nach. Achten Sie darauf, dass Sie mit dem Ausatmen beginnen und mit einem Einatmen aufhören.

4. Ausschütteln

Stellen Sie sich entspannt hin und schließen Sie die Augen. Schütteln Sie jetzt Ihren Körper aus und achten Sie dabei auf eine gleichmäßige Atmung. Diese Übung aktiviert den Stoffwechsel. Machen Sie diese Übung etwa 10 Minuten lang. Sie können auch gerne fetzige Musik dazu spielen, wie Jazz Dance oder Pop.

Nehmen Sie sich für die Übungen Zeit.

5. Baumübung

Setzen Sie sich im Schneidersitz auf den Boden und denken Sie sich Ihre Beine als Wurzeln eines Baumes. Ihr Oberkörper und der Kopf sind die Baumkrone. Nun bewegt sich diese im Wind sanft hin und her. Kreisen Sie mit dem Oberkörper und dem Kopf sanft seitlich, vor und zurück und lassen Sie Ihr Becken und Ihre Beine ruhig am Boden. Schließen Sie Ihre Augen und vertiefen Sie sich in die kreisenden Bewegungen und in die Vorstellung, ein Baum zu sein. Wie fühlt sich das an? Ist es angenehm? Nehmen Sie sich Zeit für diese Übung.

6. Anspannen – Entspannen

Es ist ein bekanntes Prinzip, dass erst nach einer Anspannung Entspannung folgen kann und umgekehrt.

Was ist Gesundheit

Weitere Übungen

- Legen Sie sich auf den Rücken und breiten Sie Ihre Arme aus. Lassen Sie nun Ihre Körperteile kräftig hüpfen. Das darf ruhig auch etwas anstrengend sein. Geben Sie nicht gleich auf. Stellen Sie sich vor, Sie bekämen lauter kleine Stromstöße. Machen Sie diese Übung etwa 2 Minuten lang. Sie können diese Übung auch abändern, indem Sie sich auf den Bauch legen und jetzt zappeln wie ein Fisch.

- Legen Sie sich entspannt auf den Boden. Atmen Sie tief ein und aus. Lassen Sie all Ihre Körperteile locker und entspannt aufliegen. Spüren Sie den Kontakt zum Boden. Öffnen Sie leicht Ihren Mund. Bevor Sie beginnen, bleiben Sie wirklich einige Zeit erst einmal entspannt so liegen und konzentrieren Sie sich ganz auf Ihren Körper, wie er sich anfühlt und was er macht. Spannen Sie Ihr rechtes Bein an und heben es kurz über den Boden. Halten Sie das Bein einige Zeit so gestreckt. Dann lassen Sie es langsam wieder zu Boden kommen. Spüren Sie einige Zeit nach: Wie fühlt sich Ihr Bein jetzt an? Jetzt spannen Sie den rechten Arm an und heben ihn leicht über den Boden weg. Halten Sie die Spannung ebenfalls aus, bis Sie nicht mehr können, und legen dann Ihren Arm langsam und weich auf dem Boden ab. Spüren Sie den Kontakt zur Erde und nehmen Sie Ihren Arm wahr. Ist er warm und gut durchblutet? Fahren Sie so mit all Ihren Körperteilen fort und heben Sie am Schluss alles zusammen gleichzeitig an: Kopf, Beine und Arme. Anschließend werden Sie sich energiegeladen und entspannt zugleich fühlen. Achten Sie darauf, dass Sie Ihre Muskeln wirklich intensiv anspannen und so lange wie möglich aushalten. Um so entspannender ist es für Sie im Anschluss!

- Stellen Sie sich aufrecht hin, die Füße hüftbreit auseinander. Beugen Sie den Kopf nach vorne und rollen Sie Ihren Oberkörper langsam herunter. Spüren Sie jeden Wirbel Ihrer Wirbelsäule. Die Arme lassen Sie einfach locker hängen. Atmen Sie jetzt langsam ein und aus und lassen Sie alle Spannungen und Verspannungen entweichen. Jetzt richten Sie sich wieder Wirbel für Wirbel auf.

Folgende Übungen können Sie auch locker in der großen Pause machen, wenn Sie sich irgendwohin zurückziehen können, wo Sie ungestört sind.

- Spannen Sie abwechselnd Po und Oberschenkelmuskulatur fest an, halten Sie die Spannung und lassen Sie dann wieder locker! Wiederholen Sie diese Übung mehrmals!

- Setzen Sie sich hin, nehmen Sie ein Blatt Papier und malen Sie Achter. Die Acht steht, wenn sie liegt, für die Unendlichkeit. Malen Sie eine Acht nach und vertiefen Sie sich in das Malen. Eine sehr entspannende Übung, die man gut zwischendurch machen kann.

- Beugen Sie Ihren Kopf langsam vor und zurück, nach links und nach rechts. Wenn Sie möchten, können Sie mit Ihrer Hand die Dehnung vorsichtig unterstützen. Am Ende behutsam den Kopf kreisen lassen. Das Gesicht ist dabei immer noch vorne gerichtet!

- Nach jeder Unterrichtsstunde können Sie sich vor ein geöffnetes Fenster stellen und ganz tief ein- und ausatmen. Nehmen Sie frische Luft und die Energie in sich auf und lassen Sie die verbrauchte Luft aus sich heraus.

- Können Sie Ihre Zehen zu einer Faust ballen? Biegen Sie Ihre Zehen in Richtung Fußsohle und halten Sie die Spannung. Langsam locker lassen und die Entspannung spüren. Kurze Pause und noch einmal!

- Es gibt auch eine gute Übung für den Bauch: Strecken Sie die Bauchdecke so weit wie möglich heraus und halten Sie wieder die Spannung. Dann langsam lösen und entspannen. Jetzt ziehen Sie Ihren Bauch fest ein und spannen ihn an. Langsam locker lassen und nach einer kurzen Pause wieder von vorne!

- Grimassen-Schneiden: Ziehen Sie Ihre Augenbrauen hoch oder ziehen Sie Ihre Lippen zusammen. Tun Sie, was Sie möchten. Wichtig ist immer die aktive Anspannung und die anschließende Entspannung.

- Meistens beginnt die Verspannung in den Kiefergelenken. Überprüfen Sie während des Tages öfters mal, ob Ihr Kiefer schön locker und unverkrampft ist.

- Lachen Sie häufiger mal! Nehmen Sie komische Situationen dazu, um mal kräftig heraus zu lachen. Sicher kommen im täglichen Umgang mit Ihren Schülern auch öfters mal lustige oder heitere Situationen auf. Lachen Sie ruhig! Nicht umsonst heißt es im Volksmund: „Wer lacht, lebt länger" oder „Lachen ist die beste Medizin". Humor hilft oft, schwierige Situationen zu meistern und Stress abzubauen. Lachen war schon zu Urzeiten Signal für positive Nachrichten und sorgte für einen stärkeren Zusammenhalt der Gruppe. Wenn Sie in Ihrer Klasse auch mal herzhaft zusammen lachen können, zeigen Sie sich untereinander Ihre Sympathie und machen sich gegenseitig stark. Sie werden sehen, wie positiv sich das auf Ihren Unterricht und die Aufmerksamkeit der Schüler auswirkt. Denn Sympathie schafft Respekt und Vertrauen. Wenn Sie möchten, können Sie ja auch mal mit Ihren Schülern eine Lachübung machen! Dazu sollen sich alle aufstellen und ein- und ausatmen. Die Ausatmung wird verstärkt, dabei kommt es zu wiederholten „Ausatmungsstößen" und schließlich zu spontanen „HaHaHa"-Lauten. Es bleibt allerdings immer noch ein restliches Luftvolumen in der Lunge, das jetzt auch noch heraus geatmet werden soll.

Humor ist, wenn man trotzdem lacht

Wir Menschen haben die einzigartige Möglichkeit zur Interpretation unserer Umwelt, bestimmte Situationen und Begebenheiten aus unterschiedlichen Blickwinkeln zu betrachten. Machen Sie sich das doch zunutze! Schärfen Sie Ihre Humor-Antennen und nehmen Sie komische und absurde Umstände bewusst wahr. Neue oder ungewohnte Dinge können uns hemmen. Innere Spannungen werden aber häufig durch Lachen gelöst und im wahrsten Sinne des Wortes kann man sich so „Luft machen". Probleme können sicherlich nicht einfach weggelacht werden, aber ihnen ist ihre anfängliche Unlösbarkeit und Belastung genommen. Die Veränderung der eigenen Sichtweise wirkt wie eine Befreiung, Ärger, Hoffnungslosigkeit und Stress werden gemindert. Vielleicht haben Sie schon den Ratschlag anderer gehört „Lach doch einfach drüber!". Der sollte auch für die eigene Person gelten, indem man nämlich auch fähig ist, über sich selbst zu lachen. Das ist eine wunderschöne und sympathische Eigenschaft, die das Zusammenleben mit anderen Menschen vereinfachen kann. Sie als Lehrer sind den lieben langen Tag den ungnädigen und kritischen Blicken Ihrer Schüler ausgesetzt, die vielleicht nur darauf warten, dass Ihnen ein Missgeschick passiert. Wenn Sie darüber stehen können, zeigen Sie Selbstvertrauen, Toleranz und ein hohes Maß an Reife. Oft sind es gerade jüngere Lehrer, die vielleicht noch Referendare sind, die sich leichter aus der Ruhe bringen und verunsichern lassen. Sie wissen, dass Sie okay sind und was Sie können – also können Sie auch über Ihre absurde Seite lachen. Das befreit, erweitert den Blickwinkel und macht Sie liebenswert!

Humor als Quelle des Wohlbefindens.

Die Veränderung der eigenen Sichtweise wirkt wie eine Befreiung, Ärger, Hoffnungslosigkeit und Stress werden gemindert.

„Kultur erwirbt man nicht,
indem man viel liest,
sondern indem man klug liest.
Ebenso wird die Gesundheit nicht
dadurch bewahrt,
dass man viel isst,
sondern dass man klug isst."

A. Malraux

Essen ist Genuss

Wir ernähren uns, um neue Energien zu bekommen. Je abwechslungsreicher wir uns ernähren, desto besser sind wir mit Kohlenhydraten, Fetten, Eiweiß und Mineralstoffen versorgt und um so geringer ist die Gefahr, dass wir einen Mangel an einem bestimmten Nährstoff haben.

„Das Fleisch des einen ist das Gift des anderen."
Lukretius, 60 v. Ch.

Ab Mitte zwanzig beginnen wir zu altern. Ob wir mit vierzig noch jugendlich aussehen oder ob sich bereits mit dreißig Fältchen und graue Haare bemerkbar machen, hängt auch von den Genen ab. Vieles jedoch können wir mit einem gesunden Lebensstil beeinflussen. Unsere Ernährung spielt dabei eine entscheidende Rolle.

Nicht umsonst heißt es so schön: „Man ist, was man isst". Jeder Mensch hat seine individuellen Ernährungsbedürfnisse und verwertet die Nahrung unterschiedlich. Nicht alle Menschen benötigen die gleiche Menge an Nähr- und Vitalstoffen oder die gleiche Kalorienzahl. Welche Nahrungsmenge und welche Stoffe insbesondere der einzelne Mensch braucht, hängt von verschiedenen Faktoren wie Alter, Geschlecht und Gewohnheiten ab. Starke Raucher brauchen mehr Vitamin C als Nichtraucher, Schwangere müssen wieder mit bestimmten Vitaminen vorsichtig umgehen (Vitamin A), Kinder brauchen eine andere Ernährung als alte Menschen. Menschen, die starken körperlichen oder psychischen Belastungen ausgesetzt sind – und zu denen zählen Sie möglicherweise auch – können ihr Immunsystem durch eine vernünftige Ernährung vor Stress schützen.

Du bist was du isst!

Ernährung

Nun füllen Bücher über eine gesunde Ernährung ganze Bibliotheken und wer möchte, kann sich mit den verschiedensten Ernährungsregeln und -theorien und Diäten beschäftigen. In diesem Büchlein ist dafür kein Platz, im Anhang finden Sie aber einige nützliche Literaturtipps, wenn Sie sich für bestimmte Bereiche stärker interessieren sollten.

Ich möchte hiermit vielmehr dazu beitragen, unserer Nahrung wieder die Bedeutung zu geben, die sie ursprünglich hat, nämlich die Freude und die Lust am Essen und Genießen. Beim Essen geht es letztendlich darum, sich selbst etwas Gutes zu tun, um die Fähigkeit zu genießen und vor allem um die Aufnahme von neuer Energie. Essen soll also Spaß machen, man sollte sich anschließend fit und gestärkt fühlen und nicht müde und voll. Machen Sie Ihre Küche zum Kraftspeicher und Ort der Liebe, denn nirgendwo anders als hier tanken Sie auf. Achten Sie auf Ihre Bedürfnisse und nehmen Sie sie ernst. Verteufeln Sie nicht Ihre Lust auf Süßes, sondern geben Sie ihr ruhig nach und stillen Sie sie mit Honig, Obst und ein paar Nüssen, ruhig auch mal mit Schokolade – je dunkler desto besser übrigens, denn Ihr Körper zeigt Ihnen, was er gerade braucht.

Home-made statt Designer-Food

Mit einer abwechslungsreichen und nährstoffreichen Kost können Sie gar nichts falsch machen: Greifen Sie so oft wie möglich zu frischen Lebensmitteln und meiden Sie sogenanntes Designer-Food, chemisch aufbereitete und veränderte Speisen.

Tun Sie Ihrem Körper viel Gutes!

Kennen Sie Ihre Bedürfnisse?

Die meisten Fertiggerichte sind von der Lebensmittelindustrie hergestellte billige Kalorienbomben, enthalten viel zu viel Zucker und leere Kohlenhydrate. Diese Massenware entspricht einem kulinarischen Durchschnittswert, die mithilfe von Industriearomen und Geschmacksstoffen Mutter Natur nachahmt und doch nur allen schmecken will.

Doch es besteht ein himmelweiter Unterschied zwischen einer Tütensuppe und tiefgefrorenem Gemüse. Fertigsuppen sind voller Zusatzstoffe, so dass sich ihre Zutatenliste wie der Beipackzettel eines Medikaments liest. Viele industriell verarbeitete Lebensmittel enthalten zu viel Fett, vor allem wenn es sich um Pulver, Kuchenmischungen und Kaffeemischungen handelt, denn die bestehen aus pflanzlich gehärteten Fetten. Zudem sind die meisten Fertigprodukte sehr teuer. Machen Sie sich statt dessen die Vorzüge der Fertigprodukte zu nutze und suchen Sie sich das Beste heraus! Gemüse zum Beispiel ist meist erntefrisch tiefgefroren und dadurch oft reicher an Vitaminen. Außerdem sollten wir uns freuen, dass wir Rosenkohl, Spinat und Erdbeeren aus dem Kühlregal das ganze Jahr hindurch essen können. Eine tiefgeforene Pizza ist nicht schlechter als eine vom Italiener (außer das Geschmackserlebnis vielleicht).

Gesundheit kann man essen!

Selbstgekochtes ist einfach gesünder. Nur in natürlicher Kost stecken all die wichtigen Stoffe, die der Körper braucht und die langfristig für unser Wohlbefinden sorgen. Naturbelassene, ökologische Lebensmittel enthalten mehr Biostoffe und belasten unseren Organismus nicht mit unnötigen Zusatzstoffen. Je geringer verarbeitet, desto besser! Fertigkost enthält im besten Fall nur zugesetzte

Je geringer verarbeitet, desto besser!

industriell aufbereitete Vitamine und Mineralstoffe. Kochen ist kreativ und eine sinnliche Erfahrung. Wer nicht mehr weiß, dass man beim Zwiebelschneiden weinen muss und dass man Kartoffeln roh nicht essen kann, hat etwas ganz Elementares verpasst. Kochen ist Kulturgut. Wer nicht mehr in der Lage ist, Spaghetti mit Tomatensauce zuzubereiten, sondern nur noch Tütennudeln kochen kann, kann seinen Kindern auch nichts anderes vorsetzen. Wer selbst kocht, weiß, was er isst. Wer sich genauer über Inhaltsstoffe diverser Produkte informieren will, kann im Internet nachsehen, zum Beispiel beim Verein für Konsumenteninformation (VKI) in Österreich oder beim aid-Infodienst.

Kochen mit Leidenschaft.

Essen ist Genuss

Es ist gar nicht so schwer, essen zu genießen, oder? Nehmen Sie sich ab jetzt vor, nur noch im Sitzen zu essen – und zwar ganz bewusst. Lassen Sie sich nicht durch Fernsehen, Telefonate oder Tageszeitungen ablenken, sondern konzentrieren Sie sich ganz auf die Nahrung, die Sie gerade zu sich nehmen. Vor allem, wenn Sie alleine essen, kann das am Anfang ganz schön schwierig sein, aber die Mühe lohnt sich! Achten Sie genau auf den Geschmack, riechen Sie den Duft der Speise und achten Sie auf Ihren Appetit. Auch hier gilt: Man sollte immer dann aufhören, wenn es am besten schmeckt. Wer sich richtig satt isst, bis der Bauch spannt und der Gürtel ein Loch weiter geschnallt werden muss, tut sich nichts Gutes.

Lustvolles und bewusstes Essen.

Lassen Sie sich die Lebensmittel bewusst auf der Zunge zergehen. Fragen Sie sich, ob Sie die Speise mögen und warum / warum nicht. Mit diesen Konzentrationsübungen schärfen Sie nicht nur Ihre Sinne, sondern entwickeln ein bewussteres Gefühl für Ihren Körper und die Nahrungsaufnahme, die ja nicht nur für den mechanischen Erhalt des Körpers zuständig ist, sondern uns auch Lust und Freude machen soll. Wenn Sie im Sitzen essen, statt in der U-Bahn oder auf dem Weg zur Arbeit schnell ein Croissant oder eine Pizza zu verdrücken, werden Sie mit Sicherheit weniger essen.

Ohne Wasser geht nichts

Ganz wichtig ist es, ausreichend zu trinken und zwar vor allem Mineralwasser ohne Kohlensäure und Kräuter- oder Früchtetees. Mindestens 1–1½ Liter am Tag sollten es schon sein, denn etwa 150 Liter Blut muss unsere Niere täglich filtern, um unseren Körper zu entgiften. Je mehr wir trinken, desto leichter machen wir es ihr bei dieser schweren Arbeit. Gerade wenn es heiß ist oder wir Sport treiben, brauchen wir Nachschub an Flüssigkeit, die der Körper in Form von Schweiß verliert. Da der Mensch nicht über Wasserspeicher wie ein Kamel verfügt, müssen die Flüssigkeitsverluste schnell wieder ausgeglichen werden. Anderenfalls nimmt sich der Körper das Wasser aus dem Körper, was das Herz stark belastet. Etwa 2–3 Liter Wasser verliert man täglich in Schweiß, Urin, Stuhlgang und Atemluft. Etwa 1 Liter Flüssigkeit nehmen wir mit dem Essen zu uns, etwa 0,3 Liter bringt der Abbau von Nährstoffen ein, bleiben 1–1½ Liter, die man täglich zusätzlich aufnehmen muss. Ohne Wasser geht nichts. Kopfschmerzen, Müdigkeit und Konzentrationsstörungen sind oft ein Zeichen für zu wenig

Wasser ist lebensnotwendig.

Das billigste Getränk ist Leitungswasser, es ist immer verfügbar und reich an Mineralstoffen.

Flüssigkeit im Körper. Warten Sie nicht, bis sich Ihr Körper in Form von Durst meldet, sondern trinken Sie kontinuierlich. Am bestem Sie haben immer eine dieser kleinen Wasserflaschen dabei. Das billigste Getränk ist Leitungswasser, es ist immer verfügbar und reich an Mineralstoffen. Regelmäßige Kontrollen garantieren eine einwandfreie Qualität, so dass man getrost den Hahn aufdrehen kann. Fruchtsaftgetränke dagegen sollten, wenn überhaupt, nur in Maßen getrunken werden, denn in ihnen ist viel Zucker und oft Farb- und Aromastoffe enthalten. Alkoholische Getränke sind keine geeigneten Durstlöscher, denn Alkohol fördert aufgrund seines relativ hohen Kaloriengehalts Übergewicht und regt den Appetit an.

Probieren Sie aus, was Sie am besten trinken können: Saftschorlen oder Wasser, warme oder kalte Getränke? Finden Sie es heraus! Positiver Effekt: Wer mehr trinkt, hat automatisch weniger Hunger.

Nichts ist wirklich verboten

Gesunde Sünden

Planen Sie Naschen mit ein und gönnen Sie sich ab und zu ein Stück Schokolade, im Sommer ein Eis von der Eisdiele oder im Kino Popcorn. Wer sich ab und zu mal kleine Sünden gestattet, macht sich selbst glücklich. Strikte Verbote sind sowieso nur dazu da, gebrochen zu werden. Genießen Sie aber bewusst Ihre Praline am Abend vorm Fernseher oder das Stück der Geburtstagstorte. Suchen Sie nicht nach einem fettarmen Ersatz. Wenn Sie Lust auf Sahnetorte haben, dann braucht der Körper sie eben. Geben Sie ruhig nach, anschließend wird Ihr Bedürfnis eher gestillt sein, als wenn Sie auf der

Suche nach Ersatz statt dessen fünf Kekse, zwei Joghurt und eine Banane essen und dann immer noch Lust auf Sahnetorte haben. Sein Sie freundlich zu Ihren Gelüsten und verdammen Sie sich nicht. Grinsen Sie sich selbst an und gönnen Sie sich bewusst etwas Süßes.

Genießen Sie bewusst Ihre Praline.

Lernen Sie dabei, echten Hunger von Appetit und Gelüsten zu unterscheiden! Warum essen Sie in diesem Moment, könnten Sie sich fragen. Essen Sie vielleicht, um sich mit etwas zu belohnen? Dann ist die Gefahr größer, dass Sie mehr essen als Sie brauchen, als wenn Sie essen, weil Sie nur hungrig sind. Essen Sie aus Trauer, Frust oder Einsamkeit? Wenn die Seele satt werden soll, braucht sie etwas anderes: Freunde, ein Hobby, einen Gefühlsausbruch, Zärtlichkeit und Verständnis. Der erste Schritt zu einem bewussten Essen ist die Selbstbeobachtung. Lernen Sie Ihre Essgewohnheiten kennen, wann Sie essen und warum. Es ist durchaus erlaubt, sich mit einer feinen Praline für einen erfolgreichen Tag zu belohnen, doch sollte man sich darüber im Klaren sein.

Essen Sie abwechslungsreich und wecken Sie Ihre Neugier auf fremde Geschmäcker. Wer öfters mal neue Rezepte probiert und seine kulinarische Landkarte erweitert, ernährt sich vielseitiger und hat meistens eine bessere Vitaminversorgung – vorausgesetzt natürlich er wechselt nicht zwischen Pizza, Döner und Hamburger ab! Wer täglich verschiedene Gemüse- und Obstsorten isst, zwischen Fleisch- und Fischgerichten abwechselt und gerne kocht, ernährt sich ausgewogener.

Genießer-Rezepte

Nudeln mit Zucchini-Tofu-Sauce

3 Zucchini	250 g Tofu
1 EL Olivenöl	250 g Nudeln
1 Knoblauchzehe	2 TL Sesamöl
Wasser	150 ml Sahne
6 EL Sojasauce	Salz und Pfeffer

Zucchini waschen, klein schneiden und im Olivenöl andünsten. Knoblauch fein hacken und mit 2 EL Wasser und der Sojasauce mischen. Tofu in Streifen schneiden und darin marinieren. Nudeln in Salzwasser bissfest garen. Tofu, Marinade und Sesamöl zu den Zucchini geben. Alles mit der Sahne ablöschen und würzen. Nudeln mit der Sauce servieren.

Kürbiscremesuppe

1,5 kg Kürbis	Saft und Schale von 2 unbehandelten Orangen
brauner Zucker	
Salz	1 EL Hefeextrakt
2 Zwiebeln	3 EL Quinoa
1 Knoblauchzehe	Wasser
Öl	Pfeffer und Salz
150 ml Sahne	

Kürbis schälen, Fruchtfleisch in kleine Stücke schneiden und ca. 20 min in Salzwasser mit einer Prise braunem Zucker kochen, bis es weich ist. Wasser abschütten. Zwiebeln würfeln und Knoblauch hacken, zusammen in Öl andünsten. Kürbis, Saft und Schale der Orange, Hefeextrakt und Quinoa dazugeben. Mit 375 ml Wasser ablöschen, würzen und ca. 10 min garen. Sahne steif schlagen. Alles pürieren und geschlagene Sahne darunter heben. Würzen.

Fruchtiges Putengeschnetzeltes in Currysauce

150 g Basmatireis	300 g Putenfleisch
Ingwer	Öl
1 EL Currypaste	2 EL helle Sojasauce
150 ml Sahne	2 EL saure Sahne
100 ml Wasser	1 Banane
150 g Ananas	10 g gehackte Erdnüsse
2 EL Rosinen	Salz, Pfeffer
2 EL Erdnussöl	

Reis waschen und in heißem Salzwasser quellen lassen, bis die Flüssigkeit aufgesogen ist. Ingwer schälen und würfeln. Wasser und Sahne mischen und Currypaste darin auflösen Putenfleisch in Streifen schneiden und in Öl anbraten. Ingwer, Sojasauce und Curry-Mischung hinzufügen, ca. 6 min köcheln lassen. Saure Sahne einrühren und abschmecken. Geschnittene Banane und Ananasstücke zusammen mit den gehackten Erdnüssen und den Rosinen hinzugeben. Heiß werden lassen und dann mit dem Reis servieren.

Erdbeer-Pürree

500 g Erdbeeren	1 TL Schale einer unbehandelten
2 EL brauner Zucker	Zitrone
	2 Kugeln Vamilleeis

Ein paar Erdbeeren zur Dekoration beiseite legen. Die anderen Früchte mit dem Zucker und der Zitronenschale fein pürrieren. Das Pürree auf zwei Tellern anrichten, mit restlichen Erdbeeren und je einer Eiskugel garnieren.

Spargel-Puten-Geschnetzeltes

3 Putenschnitzel	100 ml Wasser
100 g Erbsenschoten	heller Soßenbinder
400 g Spargel	Petersilie
125 ml Sahne	Salz und Pfeffer

Putenschnitzel in Streifen schneiden und anbraten. Erbsenschoten dazugeben und ca. 5 min mitbraten. Mit Wasser und Sahne ablöschen, anschließend mit Salz, Pfeffer und Petersilie würzen. Mit Soßenbinder etwas eindicken. Spargel in Stücke schneiden und zugeben, etwas mitkochen. Zum Schluss mit einem Schuss Weißwein verfeinern. Dazu passen Reis oder Nudeln.

Exotische Mango-Tomatenpfanne mit Putenstreifen und Duftreis

150 g Putenbrust	150 ml Sahne
125 g Basmatireis	3 Tomaten
1 Mango	1 EL Tomatenmark
1 Zwiebel	100 ml Tomatensaft
2 EL Erdnussöl	20 g Pinienkerne
Öl	Salz, weißer Pfeffer, Curry

Reis kochen. Tomaten schälen und in Streifen schneiden. Zwiebel schälen und würfeln. Mango schälen und in dünne Streifen schneiden. Putenbrust schnetzeln, mit etwas Öl anbraten, dann Zwiebeln und Tomatenmark hinzugeben und leicht mit anschmelzen. Mit Tomatensaft ablöschen. Tomaten und Mangostreifen zugeben, mit Salz, Pfeffer und Currry abschmecken, ca. 5 min. köcheln lassen. Den Reis mit Pinienkernen vermengen und zusammen mit dem Geschnetzelten servieren.

Eigene Kreationen

Alternative Ernährungslehren

Eine einzige Ernährungslehre, die für alle gleichermaßen gültig ist, kann es nicht geben, denn jeder Körper, jeder Lebensstil ist anders und wir müssen darauf Rücksicht nehmen. Natürlich wissen wir, welche Nahrungsmittel grundsätzlich unserer Gesundheit abträglich sind und welche eher förderlich. Dass frische und möglichst nährstoffschonend zubereitete Lebensmittel gesund sind und Obst möglichst frisch und unbehandelt gekauft werden sollte, wissen wir, doch was unser Körper speziell braucht, wissen wir oft nur vage.

Wählen Sie Ihre Nahrungsmittel sorgfältig aus!

Alternative Ernährungskonzepte können uns auf diese Frage vielleicht eine Antwort geben oder zumindest dabei helfen, genauer auf unsere Bedürfnisse zu hören und sie stärker in die Auswahl unserer Nahrungsmittel miteinzubeziehen.

Traditionelle Chinesische Medizin (TCM)

Wie schon erwähnt, soll unser Ziel weniger das Behandeln von Krankheiten als vielmehr das Erhalten unserer Gesundheit sein. Wir nennen das Salutogenese.

Die Traditionelle Chinesische Medizin hat genau dies zum Inhalt.

Die fünf Elemente Feuer, Wasser, Holz, Metall und Erde sind der Mittelpunkt der Philosophie und zugleich Sinnbilder energetischer Kräfte, die in allen Dingen wirken. Ähnlich wie bei den Sternzeichen ist jeder Mensch nach seinem Geburtsdatum einem bestimmten Element zugeordnet. Die TCM sagt uns, dass wir, wenn wir gemäß unserem Element leben, gut und gesund leben und alle Kräfte in Harmonie miteinander sind. Was dem einen schadet, kann dem anderen von Nutzen sein. Indien und China haben in den Essensregeln schon immer Rücksicht auf die jeweilige Konstitution, den Charakter und das Temperament des Menschen genommen.

Was dem einen schadet, kann dem anderen von Nutzen sein.

Die Fünf-Elemente-Küche aus der TCM ist am Zen-Buddhismus angelehnt und hat eine Harmonie der beiden Gegenpole Yin und Yang zum Ziel. Jedem der fünf Elemente – Holz, Metall, Feuer, Wasser, Erde – sind verschiedene Lebensmittel und ihre Zubereitungen, Farben und Geschmacksrichtungen zugeordnet. Die chinesische Ernährungslehre betont die Energie, die von einer Nahrung ausgeht, und teilt die Nahrungsmittel entsprechend ihrer thermischen Wirkung ein in heiße, warme, erfrischende und kalte Nahrungsmittel. Ein wichtiges

Balance-Akt – gut drauf durch Harmonie der Kräfte.

Kriterium dafür, ob eine Speise warm oder kalt ist, ist der Wachstumsort. Folgende Kriterien lassen sich in der TCM den Nahrungsmittel zuschreiben:

- *Die Temperatur der Nahrung steht für den Energiegehalt eines Lebensmittels. Es zeigt, ob eine Nahrung das Qi leicht oder stark bewegt.*
- *Der Geschmack einer Speise gibt an, wo das Lebensmittel wirkt.*
- *Ein Lebensmittel kann hebend oder senkend wirken.*

Qi heißt Lebenskraft. Diese äußerst sich in unterschiedlichen Formen. Das Nahrungs-Qi ist beispielsweise das, was wir an Energie aus der Nahrung ziehen. In einem gesunden Mensch fließt das Qi harmonisch in den Energiebahnen des Körpers.

Holen Sie sich Energie aus der Nahrung!

Grundlegend in der chinesischen Ernährungslehre ist die Theorie von Yin und Yang. Die zwei gegensätzlichen, sich dennoch ergänzende Pole sind die Kräfte des Universums. Yin und Yang-Paarungen sind zum Beispiel Tag und Nacht, Mann und Frau, hell und dunkel, warm und kalt. Ziel der TCM ist, ein Gleichgewicht dieser beiden Kräfte herzustellen. Yin steht im menschlichen Körper dabei für die Funktion des Ernährens und der Erholung und Befeuchtung, Yang dagegen ist die aktive Kraft, das Trocknende und Verbrauchende. Yin steht für abkühlend und Yang für erwärmend. Pflanzen, die in der Sonne wachsen, wirken abkühlend, z.B. die Melone.

Gleichgewicht als Schlüssel zum Wohlbefinden.

Durch bewusste Auswahl und Zusammenstellung der Nahrung kann man sein Wohlbefinden beeinflussen und steigern, Krankheiten und Störungen des Gleichgewichts vorbeugen. Strikte Lebensmittelverbote gibt es nicht. Für Kranke gibt es allerdings spezielle Speisepläne und Rezepturen.

Behandeln ist gut – Vorbeugen ist besser!

Für uns Mitteleuropäer leicht nachzuahmen ist die Bevorzugung von frischer Ware, allerdings wird Rohkost – wie auch in der ayurvedischen Lehre – abgelehnt. Jede Mahlzeit sollte aus der richtigen Abfolge aller Elemente bestehen, was im Alltag sicher nicht leicht zu bewerkstelligen ist. Die Fünf-Elemente-Küche ist besonders für Menschen geeignet, die sich für exotische Lebensphilosphien begeistern können und Vollkorn gut vertragen.

Das oberste Gebot der TCM ist die Vorbeugung. Eine rechtzeitige medizinische Diagnostik kann Ungleichgewichte im Körper erkennen. Banale Symptome sollten ernst genommen werden, bevor sich aus ihnen schlimmere und schwerwiegende Krankheiten entwickeln.

In jeder Region wachsen genau die Lebensmittel, die die Menschen, die dort leben, in den entsprechenden Jahreszeiten brauchen. Es gibt auch neutrale Lebensmittel, wie zum Beispiel Getreide, die ausgleichend wirken. Insofern ist die chinesische Ernährungslehre auch für uns Westeuropäer nachzuahmen, denn sie steht für eine ausgewogene Kost, die sich nach den Jahreszeiten richtet.

Wir sollten uns gemäß der TCM hauptsächlich von neutralen, warmen und erfrischenden Lebensmitteln ernähren, heiße und kalte dagegen sollten seltener eingesetzt werden. Praktisch heißt das, Gemüse bevorzugt zu dünsten und nicht in Öl oder

Fett anzubraten. Das belastet unnötig die Verdauung. Im Sommer sollte man scharfe Gewürze vermeiden und statt dessen frisches Gemüse und Salate zubereiten.

Eine weitere grundlegende Idee ist die Theorie von den fünf Wandlungsphasen (Wu Xing). Die fünf Elemente sind gewissermaßen ein universales System, indem alles untergeordnet werden kann und seinen Platz findet. Jedes Menschenleben durchläuft die Stadien der fünf Elemente in der Reihenfolge Holz, Feuer, Erde, Metall, Wasser. Holz ernährt Feuer, Asche ernährt Erde, aus der Erde wird Metall gewonnen, die Mineralien des Metalls machen das Wasser lebendig, Wasser ernährt die Pflanzen (Holz). Der Mensch ist also erst einmal das Element Holz, wenn er auf die Welt kommt. In der Jugend befindet man sich im Element Feuer, das reifere Erwachsenenalter bringt einen ins Element Erde, im Metallelement schärft die Lebenserfahrung den Sinn für Gerechtigkeit. In der Ernährungslehre spielen die fünf Geschmacksrichtungen sauer, bitter, süß, scharf und salzig, die jeweils einem Element zugeordnet sind, eine bedeutende Rolle. Jedem Element ist auch ein Organ zugeordnet.

Jedes Menschenleben durchläuft die Stadien der fünf Elemente.

Die fünf Elemente

Holz

Holz ist das starke Element, es ist der Anfang, Geburt und Kindheit, es ist der Frühling und die wachsende Energie. Holz, dabei so biegsam wie Bambus. Menschen im Element Holz sind voller Tatendrang, auf der Suche nach neuen Herausforderungen. Dem Element zugeordnet sind die Leber und die Gallenblase und der saure Geschmack. Häufige Krankheitsbeschwerden des Holz-Typus sind Reizbarkeit, Kopfschmerz, Heuschnupfen und Ischias. Einige Nahrungsmittel wie Huhn, Pute und Ente werden dem Holz-Typ zugeordnet, weil sie sich positiv auf Galle und Leber auswirken. Alle sauren Geschmäcker erfrischen und wirken zusammenziehend, was sich äußerst positiv auf den Holz-Typ auswirkt. Sauer macht lustig, weil es Leber und Gallenblase erfrischt und kühlt. Beim Sport erfrischen zum Beispiel Früchtetees und säuerliches Obst wie Stachelbeeren, Johannisbeeren und Äpfel. Das Frühjahr ist eine besonders günstige Jahreszeit, um den Körper zu entgiften. Besonders Grünkern, Dinkel und Weizen entschlacken den Organismus und sind daher besonders zu empfehlen. Für diese aktiven Persönlichkeiten heißt Entspannung das Zauberwörtchen: beruhigende Bäder mit feinen Aromaelixieren wie Ylang Ylang tun den quirligen Gemütern gut.

Feuer

Das aktive Element ist das der Jugend, die nach Erkenntnissen strebt, voller Energie steckt und schnell zu begeistern ist. Der Feuer-Typ steckt voller Kraft, ist neugierig und strebt nach geistiger Entwicklung. Dem Element Feuer zugeordnet sind die Organe Herz und Dünndarm und der bittere Geschmack. Diese Nahrungsmittel gehören auch zum Feuer-Typus: Buchweizen, Roggen, Lamm, Ziege etc. Aperitifs sind bitter und haben aufgrund dessen eine verdauungsfördernde Wirkung. Bittere Salate wie Radicchio, Endivien und Chicorée erfrischen die Hitze des Feuerelements. Bittere Geschmäcker finden sich auch in Zigaretten und Kaf-

Das Feuer der Jugend.

fee, die jedoch die hektische Nervosität noch weiter steigern. Schwarztee, Kaffee und Zigaretten trocknen aus, im Übermaß genossen wirkt sich das gesundheitsschädigend auf alle Organe, besonders auch auf die Herztätigkeit aus.

Bitter-erfrischende Nahrungsmittel mit positivem Effekt sind dagegen Rote Bete, Pampelmuse und Löwenzahn oder Rucola – sie wirken stresslindernd und entspannend bei starker geistiger Anstrengung. Im Sommer, der entsprechenden Jahreszeit des Feuerelements, erfrischen in erster Linie bittere Salate, Beeren, Kompott, Sprossen und Früchtetees.

Erde

Erde symbolisiert die Lebensmitte und Fruchtbarkeit.

Das ruhige Element Erde ist die Mitte, der harmonische und nährende Stoff. Der Erd-Typ ist meist tolerant, mitfühlend und geduldig. Entsprechend ist das Erwachsenenalter dem Erde-Element zugeordnet, in dem Reife und Stabilität vorherrschend sind und eine eigene Familie Stabilität und Kraft gibt. Es sind Menschen, die anpacken können, weniger Tagträumer als Freunde, mit denen man durch dick und dünn gehen kann und die auch bereit sind „anzupacken", wenn Not am Mann ist. Wenn die Erde zu dominant ist, ist dieser Mensch engstirnig, eigensinnig und stur. Ein Mensch dagegen, der zu wenig Erde hat, ist ein Tagträumer, ein Luftikus, der gerne über den Sinn des Lebens philosophiert, aber völlig unpraktisch ist. Diesem Element entsprechen die Organe Milz und Magen sowie der süße Geschmack. Die Nahrungsmittel der Erde sind häufig gelb wie Kürbis und Karotten. Der süße Geschmack harmonisiert und befeuchtet den Organismus. Er schenkt neue Energie und macht ausgeglichen. Süß bezieht sich allerdings nicht auf raffinierten Zucker und all seine industriell hergestellten Ausformungen, sondern auf Getreide, süße Gemüsesorten und Fleischarten. Zucker dagegen ist ein Energieräuber und ist zu meiden! Er macht süchtig, weil er nur kurzfristig den Appetit und die Lust auf Süßes stillt. Fleisch ist generell dem Erdelement zugeordnet.

Metall

Das feste Element, der Metalltypus, ist beständig und liebt und lebt einen gleichbleibenden Rhythmus. Dieser Typ ist bereit, sich auf materieller Ebene ein eigenes Leben aufzubauen, besitzt einen scharfen Verstand und Durchsetzungskraft. In der Metallphase ist der Höhepunkt des Lebens überschritten, die Erfahrungen des Lebens haben den Verstand geprägt, die Existenz ist gesichert. Es ist der Herbst des Lebens eingetreten, die Energie zieht sich in die Erde zurück, die Blätter vertrocknen. Trockenheit ist das zentrale Symptom des Metall-Typus. Dem Element zugeordnet werden die Organe Lunge und Dickdarm sowie der scharfe Geschmack.

Metall steht für Lebenserfahrung.

Vor allem Gewürze sind oft scharf und verhindern durch ihre Schärfe die Verbreitung von Bakterien im Körper, deshalb wird vor allem in heißen Regionen und Ländern oft so scharf gegessen. Alle scharfen Gemüsesorten wie Rettich, Zwiebeln, Lauch und Radieschen sind weiß. Der scharfe Geschmack öffnet und befreit, wobei die meisten scharfen Speisen scharf-warm oder scharf-heiß sind. Scharf-warme Speisen wirken schweißtreibend und erwärmend. Ingwertee und heißer Alkohol können einer sich anbahnenden Erkältung entgegenwirken. Entscheidend ist die richtige Dosierung der Zutaten, zuviel Schärfe in Form von Alkohol und scharfen Gewürzen überhitzt die Organe, Hyperaktivität und Gereiztheit sind die Folgen (unter anderem!). Scharf-erfrischende Speisen sind zum Beispiel Vollkornreis, weißer Rettich, Kohlrabi und Kresse und sorgen für eine schöne und jugendliche Haut. Spargel ist süß, also Erde, bitter, also Feuer, und zugleich weiß, also auch Metall. Er ist ein wahres Schönheitselixier und hält die Organe jung!

Wasser

Das fließende Element steht für den Lebensabend, für den Alten, der über Lebenserfahrung und alle Tugenden verfügt. Das Wasserelement steht über den Dingen, es weiß um die Vergänglichkeit der Dinge und besitzt die Fähigkeit negative Begierden und Emotionen wie Stolz und Neid in positive umzuwandeln. Wasser nimmt naturgemäß den leichtesten Weg, fließt also immer bergab, durch seine Stetigkeit verändert es aber auch. Steter Tropfen höhlt den Stein, heißt es so schön. Ausdauer und Beharrlichkeit sind Charaktereigenschaften des Wasserelements. Diesem Element zugeordnet werden die Organe Nieren und Blase, sowie der salzige Geschmack. Viele schwarze Nahrungsmittel wie die Alge oder schwarze Sojabohnen werden dem Element Wasser zugeordnet, auch viele Meeresfrüchte und Hülsenfrüchte. Salzig wirkt leicht abführend und aufweichend, zuviel Salz trocknet den Körper aus und macht ihn steif und unbeweglich, auch den Geist. Im Winter isst man gerne Ein-

Zur Natur des Wassers gehört alles Anpassungsfähige, Hinabsteigende.

töpfe, Suppen, Hülsenfrüchte und Getreidegerichte.
Warme Mahlzeiten wärmen den Körper und halten
die Energiereserven aufrecht.

● *Wer sich genau für TCM interessiert, dem sei auf jeden
Fall weiterführende Lektüre empfohlen (im Anhang weise
ich auf einige interessante Bücher hin). Das wesentliche
erscheint mir jedoch, zu sehen, was wir aus der TCM in
unseren Alltag nehmen und integrieren können, welche
Lebensanschauung uns bereichern kann und dass die chinesische Ernährungslehre unseren Ernährungsgewohnhei-
ten nicht zuwiderläuft. Im Gegenteil, wir können Sie uns
zu eigen machen und erkennen, dass es gar nicht kompli-
ziert ist, nach ihr zu leben, denn wenn wir genau auf unseren Körper hören und ihn wahrnehmen, werden wir spü-*

Instinktiv streben wir nach einem Ausgleich der Temperaturen.

ren, dass das, was uns gut tut, das ist, was uns auch die TCM sagt: *Instinktiv streben wir nach einem Ausgleich der Temperaturen und fühlen uns gut, wenn wir uns gemäß den Jahreszeiten ernähren und leben.*

Ayurveda

Auch die etwa 5000 Jahre alte indische Gesundheitslehre greift die unterschiedlichen menschlichen Temperamente und Konstitutionstypen auf, um ein möglichst individuelles Ernährungskonzept zu erstellen.

Ayurveda, die weltweit älteste ganzheitliche Heilmethode.

Unterschieden werden drei verschiedene Typen, Doshas: Vata, Pitta und Kapha. Jeder Konstitutionstyp hat andere Bedürfnisse, Voraussetzungen und Vorlieben, verschiedene gesundheitliche Schwachpunkte und positive Merkmale. Die drei Doshas spiegeln sich im gesamten Universum wieder, in den Jahreszeiten, im Tagesrhythmus und auch in den Nahrungsmitteln.

Das ganzheitliche Konzept soll – wie auch die TCM – eine innere Harmonie und ein Gleichgewicht von Körper und Geist schaffen. Die Auswahl der Nahrungsmittel richtet sich danach, ob Kapha geschwächt, oder zum Beispiel Vata oder Pitta verstärkt werden sollen. Auch in der ayurvedischen Gesundheitslehre werden vor allem regionale Zutaten, frische Kräuter und Nahrungsmittel gemäß den Jahreszeiten ausgewählt und meist gekocht verzehrt. Auf Rohkost wird verzichtet, außer sie wird gezielt zur „Erfrischung" des Körpers eingesetzt. Im Mittelpunkt steht der Geschmack an den Dingen und herauszufinden, welche Speisen einem gut tun.

Jedes Nahrungsmittel übt eine bestimmte Wirkung auf jedes Dosha aus, so dass für jeden Konstitutionstyp eine ideale Speisenzusammensetzung existiert, die ihm besonders gut tut und ihm das

Agní wandelt alles Körperfremde in Körpereigenes um.

gibt, was er braucht. Die Ayurveda misst der Verdauungskraft des Körpers eine wichtige Bedeutung zu, da sie die Nahrung vollkommen verwerten kann. Die ayurvedische Bezeichnung für die Verdauungskraft ist Agni – Feuer. Die gesamte Gesundheit hängt nach der ayurvedischen Lehre von einer gesunden Verdauung ab. Das Feuer schürt das Leben, hält es am Leuchten und Brennen und ist eine Art innerer Motor. Bei einer gesunden Verdauung entsteht Ojas, das ist die feinste Essenz der Nahrung und das was von ihr übrig bleibt. Es gibt Wohlbefinden, Gesundheit und Stärke.

Ayurveda möchte keine festen Dogmen aufstellen, sondern möchte den individuellen Menschen und seine Bedürfnisse berücksichtigen. Widmen Sie sich ganz der zubereiteten Speise, wenn Sie essen, und schulen Sie Ihre Urteilskraft in dem, was gut für Sie ist. Kauen Sie langsam und schmecken Sie genau. Oft schmecken uns dann erst Dinge gut, die wir vorher gar nicht mochten. Die ayurvedische Essensregeln sind ebenso einfach wie einleuchtend. Man sollte sich Zeit fürs Essen nehmen, die Speisen genießen und nicht nebenbei essen. Versuchen Sie, auch wenn Sie alleine essen, nicht nebenher Ihren Fernseher laufen zu lassen oder Zeitung zu lesen, sondern das Essen als „Zeit für sich selbst" zu empfinden, in der man sich und seinem Körper etwas Gutes tut. Nach Möglichkeit sollte man einem geregelten Rhythmus folgen, in dem gegessen wird, und nur dann, wenn man wirklich hungrig ist. Zwischenmahlzeiten sollte man vermeiden. Das Mittagessen sollte die reichlichste Mahlzeit sein, am Abend dagegen sollte man leichte Kost wählen und nicht zu spät essen. Vor dem Einschlafen soll-

Lassen Sie Zwischenmahlzeiten ausfallen!

te man gar nichts mehr essen, denn das belastet nur unnötig den Magen. Zu den Mahlzeiten können Sie heißes Wasser, Kräutertee oder frischen Fruchtsaft trinken, Milch sollte nicht zum Essen getrunken werden, sondern immer allein oder höchstens zu süßen Gerichten. Eine Nahrung sollte ausgewogen sein und idealerweise alle sechs Geschmacksrichtungen enthalten.

Achten Sie vor allem, auf was Sie Appetit haben, denn Ihr Körper teilt Ihnen mit, was er gerade braucht, um ins Gleichgewicht zu kommen! Gelüste nach ungesunden Nahrungsmittel und solchen, die dem Körper schaden, entstehen meist durch falsche Gewohnheiten. Vermeiden Sie daher Zucker, Alkohol, Kaffee und Zigaretten, Schokolade und Getränke mit Kohlensäure.

Man sollte seine Speisen immer frisch zubereiten und appetitlich anrichten, denn das Auge isst schließlich mit. Für jeden Konsitutionstyp gibt es bestimmte Geschmacksrichtungen, die sich vorteilhaft auf den Körper und das Wohlbefinden auswirken. Daher sollten Sie Ihr Dosha auch immer berücksichtigen, wenn Sie sich etwas zu Essen zubereiten.

Verwenden Sie frische Lebensmittel!

Das Auge isst mit!

Um Ihren Konstitutionstyp zu bestimmen, können Sie folgenden kurzen Test machen:

Welches Dosha bestimmt mein Wesen?

Kreuzen Sie jede zutreffende Antwort an und zählen Sie, wie oft Sie jeden einzelnen Buchstaben gewählt haben!

Ihr Haartyp ist ...

a ☐ trocken

b ☐ dünn, rötlich, schnell grau

c ☐ kräftig, leicht fettig

Ihre Haut ist ...

a ☐ trocken, rauh

b ☐ sanft, gelblich

c ☐ fettig, feucht

Wie sehen Ihre Augen aus ...?

a ☐ klein, dunkel, mit zarten Wimpern und Brauen

b ☐ mittelgroß, grün oder kupfer, mit hellen Wimpern und Brauen

c ☐ groß, dunkel oder blau, buschige Wimpern und Brauen

Wie ist Ihr Körperbau?

a ☐ leicht und beweglich

b ☐ mittelschwer und muskulös

c ☐ schwer, neigt zu Übergewicht

Was entspricht Ihrer geistigen Aktivität?

a ☐ wacher, ruheloser Geist, einfallsreich

b ☐ scharfer Intellekt, tüchtig und perfektionistisch

c ☐ gelassen, ruhig, sanft

Wie ist Ihr Gedächtnis?
a ☐ gutes Kurzzeitgedächtnis
b ☐ generell gutes Gedächtnis
c ☐ gutes Langzeitgedächtnis

Ihre Stimmungen ...
a ☐ wechseln schnell, sind launisch
b ☐ wechseln und sind intensiv
c ☐ sind stabil

Ihr Schlaf ist ...
a ☐ leicht und unterbrochen
b ☐ erholsam
c ☐ erholsam, lang und tief

Wo liegen Ihre Stärken?
a ☐ künstlerisch, kreativ, musisch, erfinderisch
b ☐ Führungsstärke, suche Herausforderungen
c ☐ bodenständige Berufe, langfristige Planung

Wie reagieren Sie auf Stress?
a ☐ schnell erregt, gequält und ängstlich
b ☐ schnell verärgert, kritisch gereizt
c ☐ nicht schnell aus der Ruhe zu bringen

Welches Wetter stört Sie?
a ☐ kalte Witterung
b ☐ heiße Witterung
c ☐ feucht-kalte Witterung

Wie ist Ihr Biorhythmus?
a ☐ stehe früh auf und bin frühmorgens und nachmittags aktiv
b ☐ bin mittags und mitternachts aktiv
c ☐ bin morgens träge, vormittags und am frühen Abend aktiv

Ernährung

Ihr Hunger und Ihre Verdauung ist ...

a ☐ unregelmäßig hungrig, neige zu Verstopfungen und Blähungen

b ☐ regelmäßig hungrig, starke Verdauung

c ☐ neige zu Hungergefühl, langsame Verdauung, nach dem Essen müde

Wie bewegen Sie sich?

a ☐ schnell

b ☐ exakt und bestimmt

c ☐ langsam und gleichmäßig

Zu welchen körperlichen Beschwerden neigen Sie?

a ☐ nervöser Magen, Kopfschmerzen, Kreislaufprobleme

b ☐ Allergien, Entzündungen, Durchfall

c ☐ Asthma, Bronchitis, Diabetes, Herz-Gefäß-Erkrankungen

Auswertung:

a steht für Vata

b steht für Pitta

c steht für Kapha

Der Buchstabe, den Sie am meisten angekreuzt haben, bestimmt Ihr Dosha.

Die meisten Menschen sind Mischtypen.

Der Vata-Typ

Die beste Nahrung für Vata-Typen sind warme und nahrhafte Gerichte wie Eintöpfe, Aufläufe und Suppen. Die Speisen beruhigen das Dosha. Vata-Typen neigen zur unregelmäßigen Verdauung, daher sind leicht verdauliche und gekochte Speisen zu empfehlen. Ideal sind weiter salzige, saure und süße Speisen, vor allem sättigend müssen sie sein. Am besten ist es für Sie, Sie essen alle vier bis fünf Stunden eine kleine Mahlzeit.

Vata ist die Kraft der Bewegung und der Kommunikation.

Essen Sie Gemüse und Salate, Spargel, Rote Bete, Gurken, Karotten, Zwiebeln, Brokkoli, Kohl, Erbsen, Spinat, Tomaten und Sellerie. Außerdem Reis und generell alle Milchprodukte. Sie sollten viel Hülsenfrüchte essen und süßes Obst wie Ananas, Papaya, Kirschen, Pfirsiche, Bananen, Trauben, Feigen, Nüsse und Samen. Essen Sie vor allem weißes Fleisch, also Geflügel, Meerestiere und Eier.

Meiden Sie dagegen kaltes und trockenes Essen, sowie Bitteres und Scharfes. Unregelmäßiges Essen sollten Sie ebenfalls vermeiden.

Der Pitta-Typ

Pitta-Typen sollten kühlende Speisen bevorzugen. Die Verdauung funktioniert bei den Pitta-Typen gewöhnlich sehr gut. Als Pitta-Typ sollten Sie darauf achten, vor allem bittere und herbe Nahrungsmittel zu essen, wie Salate und Gemüsesorten, denn diese Geschmacksrichtungen zügeln den Appetit. Greifen Sie ruhig zu schwereren und gehaltvollen Mahlzeiten, aber in mäßigen Mengen.

Pitta ist die Kraft der Veränderung.

Essen Sie vor allem süße und herbe Gemüsesorten wie Spargel, Gurken, Zucchini, Pilze, Erbsen, Petersilie, Blumenkohl, Rosenkohl, Brokkoli, Kartoffeln, Paprika, Sprossen, Salate, Wirsing und Sellerie. Essen Sie möglichst viel Reis und trinken Sie Milch. An Obst sind vor allem süße Früchte geeignet wie Bananen, Mangos, Avocados, Feigen, Ananas, Trauben, Pflaumen, Äpfel. Würzen Sie Ihre Speisen mit Koriander, Zimt, Fenchel, Safran und Ingwer und knabbern Sie Kokosnuss, Sonnenblumenkerne und Kürbissamen.

Meiden Sie unregelmäßige und leichte Mahlzeiten sowie heiße Speisen und Getränke.

Der Kapha-Typ

Kapha ist die Kraft der Stabilität, des Zusammenhalts.

Kapha-Typen sind ausgeglichene Menschen, können aber aus dem Gleichgewicht geraten, wenn sie zu süß und zu fett essen. Wählen Sie vor allem leichte Speisen, appetitanregende Gerichte, frisches Obst und Gemüse und bevorzugen Sie warme, trockene Speisen mit wenig Butter und Öl.

Essen Sie alle Blattgemüse und scharfe Gemüsesorten wie Spinat, Kohl, Wirsing, Chicorée, Knoblauch, Zwiebeln, Sprossen, Paprika, Rettich, Auberginen, Fenchel, Radieschen und Petersilie. An Getreide gerne Gerste, Buchweizen, Mais, Dinkel, Hafer und Weizen, Reis eher in kleinen Mengen. Trinken Sie warme Magermilch oder mit Wasser verdünnte Vollmilch. Sie sollte oft Hülsenfrüchte essen und alle Gewürze außer Salz verwenden, insbesondere scharfe Gewürze!

Essen Sie Äpfel, Birnen, Beeren, Kirschen, Mangos, Aprikosen, Pfirsiche und Trockenobst.

An Fleisch können Sie Truthahn und Huhn, Garnelen und Wild essen.

Vermeiden Sie schweres und reichhaltiges Essen und üppige und ölige Gerichte. Essen Sie regelmäßig und vermeiden Sie Zwischenmahlzeiten.

Eine wichtige Rolle spielt in der Ayurveda das Trinken von heißem Wasser. Die Reinigungskur von innen nimmt Hungergefühle, beruhigt und hilft gegen Darmstörungen. Im Gegensatz zu Tee ist das heiße Wasser geschmacklos und lässt sich deshalb auch leicht in größeren Mengen trinken. Man muss das Wasser nicht gläserweise trinken, 2 bis 3 Schluck pro halbe Stunde reichen, um den Effekt zu erzielen.

Schlückchenweise heißes Wasser

Und so wird's gemacht: Reines Wasser ohne Kohlensäure 15 Minuten lang kochen, etwas abkühlen lassen, in eine Thermoskanne füllen und jede halbe Stunde ein paar Schlückchen trinken.

Ghee

Ghee kommt in der ayurvedischen Küche eine besondere Bedeutung zu. Es ist die „gereinigte Butter" und gilt als Verjüngungsmittel. Im Lebensmittelgeschäft ist es als Butterschmalz zu haben. Es wird zum Dünsten von Gemüse, zum Backen und als Verfeinerung der Speisen verwendet.

Wenn Sie Ghee selbst herstellen möchten, zeige ich Ihnen folgendes Rezept: Man nimmt 500 g ungesalzene Sauerrahmbutter, zerteilt sie in einem kleinen Topf und lässt sie schmelzen bis kleine Schaumblasen nach oben steigen. Geben Sie 8 Gewürznelken hinzu. Schöpfen Sie mit einem Esslöffel den Butterschaum vorsichtig ab und lassen Sie die Butter auf niedriger Stufe weiter kochen. Schöpfen Sie den Schaum so lange ab bis keine Bläschen mehr an die Oberfläche steigen. Lassen Sie das klare Ghee abkühlen und gießen Sie es in kleine Glasschälchen, der Satz sollte dabei im Topf bleiben und nicht ausgekratzt werden.

„Wenn man auf seinen Körper achtet,
geht's auch dem Kopf besser."

Jil Sander

Entlastungstage – Fasten auf gesunde Art

Entscheidend ist – wie in so vielen Dingen – das gesunde Mittelmaß. Diätenwahn, übertriebene Essenskontrolle und strenge Selbstkasteiung machen vielleicht schlank, sind aber auf Dauer frustrierend.

Wer sich nach den Schlemmereien an den Weihnachtstagen schwer und unwohl fühlt, kann leicht ein paar Fastentage einlegen, um Ihren Körper zu entschlacken und das Wohlbefinden zu steigern. Sie brauchen übrigens nicht gleich wochenlang zu fasten, das sollten Sie sowieso nur unter Anleitung eines Arztes oder mit Hilfe von Ernährungsspezialisten tun. Nein, eine sinnvolle und körperbewusste Ernährung schließt einige Tage der Entlastung pro Monat mit ein. Genauso wie Sie sich nach Phasen der Anstrengung und des Stresses eine Ruhepause gönnen, sollten Sie Ihrem Körper einmal pro Woche einen Entlastungstag schenken. Wenn Sie diesen Tag als ein Geschenk an Sie selbst, an Ihren eigenen Körper betrachten, wird es Ihnen auch nicht allzu schwer fallen, an einem Tag etwas weniger und vor allem leichtere Dinge zu essen. Wer an Hungern und brummenden Magen denkt, liegt falsch. Ich werde Ihnen ein paar Rezeptideen vorstellen, bei denen Ihnen das Wasser im Munde zusammenlaufen wird. Gönnen Sie sich einen Tag in der Woche, dem Sie sich rundum etwas Gutes tun: Essen Sie viel Obst und Gemüse, trinken Sie bewusst viel, auch grünen Tee, und pflegen Sie Ihren Körper. Nehmen Sie beispielsweise ein Bad, legen Sie eine Gesichtsmaske auf und machen Sie Gymnastik. Wenn Sie möchten, können Sie sich auch bei einer Kosmetikerin verwöhnen lassen oder

Fasten mobilisiert die körpereigenen Abwehrkräfte.

einen Friseurbesuch bewusst geniessen. Der „Verwöhn-Tag" hat also nichts mit Askese und Quälerei zu tun, sondern soll Ihren Körper und Geist entspannen und neue Kraft schenken.

Auf Dauer möchten Sie bestimmt gar nicht mehr auf „Ihren Tag" verzichten. Weiterer positiver Nebeneffekt ist, dass an allen anderen Tagen Ihre Lust auf Fettes und Süßes schwinden wird, denn der Entlastungstag zeigt Ihnen, wie gut Sie sich mit Gemüse und leckeren Nudelgerichten fühlen können. Sie werden dann wahrscheinlich gar keine Lust mehr auf Pommes mit Majo haben, sondern ganz von alleine zu einer Vollkornsemmel und einer Banane greifen.

Ihr persönlicher „Wellness-Tag".

Wenn Sie also bewusst genießen und sich ab und zu einen „Verwöhn-Tag" gönnen, können Sie gar nicht dick werden. Denn, wenn Sie Ihrem Körper etwas Gutes tun, fühlen Sie sich glücklich, fast euphorisch - und warum sollten Sie sich mit fetten Speisen und zu viel Zucker selbst schaden und all Ihre Kräfte rauben lassen?

1. Molketag

Schon in der antiken Medizin war die Molke als Gesundheitsmittel gegen Hauterkrankungen und Verdauungsbeschwerden bekannt. Seitdem sind Molketrinkkuren vor allem zur Behandlung von Übergewichtigen und Menschen, die Probleme mit der Galle, dem Darm und der Leber haben, beliebt.

Molke für Schönheit innen und außen.

Die Molke ist das, was bei der Verarbeitung von Milch zu Käse übrig bleibt, also die abtropfende Flüssigkeit. Diese Flüssigkeit enthält eine enorme

Menge an Mineralstoffen (Kalium, Magnesium, Calcium), aber auch wichtiges Eiweiß und Milchsäure (auch enthalten zum Beispiel im Sauerkraut!). Trotz ihres säuerlichen Geschmacks wirkt die Molke basisch, das heißt, sie wirkt einer Übersäuerung des Magens entgegen. Oft sind den Molkegetränken aus dem Supermarkt Süß- und Geschmacksstoffe beigemischt, um den säuerlichen Geschmack etwas zu nehmen.

An einem Molketag trinken Sie einen Liter Diätmolke (aus dem Reformhaus), der Sie ein kleines Gläschen Frischplanzensaft, z.B. Löwenzahnsaft, Brennnesselsaft, Artischockensaft, Zinnkraut (ebenfalls aus dem Reformhaus) beimischen. Außerdem dürfen Sie Wasser trinken, so viel Sie möchten, am besten 2 Liter. Wenn Sie möchten, können Sie auch 2 kleinere Mahlzeiten zu sich nehmen, die sollten aber nur aus leicht bekömmlichem und gedünstetem Gemüse bestehen.

2. Spargeltag

Spargel gehört zu den besten und wohl auch leckersten Entschlackungsmitteln. Spargel ist äußerst kalorienarm, reich an Mineralstoffen und wichtigen Vitaminen. Das enthaltende Kalium wirkt stark entwässernd. Beginnen Sie den Tag mit einem Glas frisch gepressten Orangensaft und essen Sie dazu ein Vollkornbrötchen. Mittags und Abends essen Sie Spargel, so viel Sie möchten, dazu ein paar kleine Kartoffeln. Wichtig: Viel trinken! Am besten über den Tag verteilt 2 Liter Wasser oder Früchtetees. Das feine Spargelwasser brauchen Sie nach dem Kochen nicht wegzuschütten, Sie können daraus eine gesunde Suppe für Ihr Abendessen zubereiten.

Spargel wird schon von Hippokrates (460 v.Chr.) als Heilpflanze erwähnt.

3. Ananastag

Ananas ist nicht nur saftig, erfrischend und lecker, sondern enthält auch ein Enzym, das bei der Verdauung von Eiweiß hilft und den Stoffwechsel ankurbelt. Allerdings ist das Enzym nur in der frischen Ananas enthalten, in Dosenkonserven wird es zerstört.

An Ihrem Ananastag essen Sie ganz einfach eine große Ananas über den Tag verteilt und trinken wieder mindestens eineinhalb Liter Wasser oder Kräutertees. Wenn Sie mögen, können Sie zwischendurch etwas Reis mit frischer Ananas und etwas Honig oder gekochte Kartoffeln zu sich nehmen.

4. Bananentag

Süße Frucht mit „inneren Werten".

Bananen machen keine krummen Sachen: In ihnen steckt eine ganze Menge lebenswichtiger Vitamine und Mineralstoffe. Außerdem sind Bananen gut für einen ausgewogenen Säure-Basen-Haushalt und das Serotonin macht uns glücklich und hebt die Stimmung. Bananen sind leicht verdaulich, sorgen also dafür, dass sich unser Verdauungsapparat erholen kann.

An einem Bananentag essen Sie über den Tag verteilt etwa fünf kleinere Bananen und trinken dazu jeweils ein Glas Milch oder Kefir. Achten Sie wie immer auf eine ausreichende Flüssigkeitszufuhr!

4. Beerentag

Beerenstark sind sie wirklich, die Stachelbeeren, Him- und Brombeeren, Johannisbeeren und Heidelbeeren. Sie enthalten wertvolle Vitamine und

Mineralstoffe bei äußerst wenigen Kalorien. Besonders viel Vitamin C steckt in den kleinen Früchtchen und Ballaststoffe für eine gesunde Verdauung. Sie helfen bei der Entgiftung und wirken harntreibend. Wegen der relativ hohen Gefahr des Fuchsbandwurms bei frischen Früchten rate ich in diesem Fall zu tiefgefrorenen Beeren.

Beeren stärken den Magen und regen die Verdauung an.

Essen Sie über den Tag verteilt bis zu eineinhalb Kilo gemischter Beeren, dazu nach Belieben Joghurt. Zu Mittag gibt es Spaghetti mit frischer Tomatensauce, abends eine Scheibe Brot mit Kräuterquark. Achten Sie unbedingt auf ausreichendes Trinken.

6. Kartoffeltag

In der tollen Knolle stecken verdauungsfördernde Stoffe und sie sind dazu wahre Säurenkiller! Das preiswerte Gemüse eignet sich hervorragend dazu, sich mal einen ganzen Tag mit ihm zu beschäftigen. Essen Sie zum Frühstück einen Bananenquark mit Haferflocken, als Zwischenmahlzeit 200 g Pellkartoffeln, zu Mittag ein Omelett mit Salat, zwischendurch wieder Pellkartoffeln und zum Abendbrot Ofenkartoffel oder Kartoffeln mit Schnittlauchquark.

Tipp: Allerdings sollten Sie die Kartoffeln nicht salzen, wenn Sie die entwässernde Wirkung des Gemüses voll auskosten möchten!

7. Apfelessigtag

Sind Sie im Essig? Dann brauchen Sie dringend einen Apfelessigtag, denn der wird Ihren Organis-

Apfelessig kannten schon die alten Griechen als natürliches Mittel gegen allerlei Beschwerden.

mus beleben und Ihre Widerstandskräfte steigern! Es sei angemerkt, dass eine Kur über mehrere Wochen von Vorteil ist. Dabei trinkt man jeden Morgen ein Glas warmes Wasser mit 2 TL Apfelessig und 1 TL Honig auf nüchternen Magen. Apfelessig ist reich an gesundheitsfördernden Stoffen und hat in den letzten Jahren eine richtige Trendwelle ausgelöst. Er ist reich an Vitaminen, Mineralstoffen, Enzymen und antibakteriellen Stoffen. Trinken Sie zu den drei Mahlzeiten ein Glas Apfelessig, vermischt mit Wasser und etwas Honig. Zum Frühstück gibt es ein leckeres Früchtemüsli, am besten aus frischen Früchten, mittags einen Salat und abends Kartoffeln mit Kräuterquark oder eine Gemüsesuppe.

Ernährungstipps

- *Aromatherapie gegen Heißhunger:* Vanilleduft stillt Appetit auf Süßes. Einfach ein Tütchen Vanillepulver öffnen und auf die Heizung legen oder Duftöl mit Vanillearoma kaufen. Unbedingt mal ausprobieren!

- *Bananen:* Der Obstklassiker macht satt und entspannt durch Magnesium.

- *Gute Laune kann man essen!* Folsäure heißt das Geheimnis und die steckt vor allem in Spinat, Rote Bete, Wirsing, Spargel, Leber und Brokkoli.

- *Blütenpollen sind besonders mineralstoffreich.* Streuen Sie sich morgens einige über das Müsli oder trinken Sie sie mit viel Flüssigkeit.

- *5 a day!* Obst und Gemüse liefern wichtige Vitamine, Ballaststoffe und Pflanzenstoffe. Mit fünf Portionen Obst und Gemüse am Tag sind Sie bestens versorgt, das entspricht etwa einer Hand voll. Es zählen allerdings nur frische Nahrungsmittel also keine Konserven oder Fruchtsaftgetränke aus dem Supermarkt. Tiefgekühltes Gemüse dürfen Sie dagegen getrost essen. Oft sind darin durch das Schockgefrieren sogar die Vitamine besser erhalten als in frischen Produkten. Die Regel ist ganz einfach anzuwenden, wenn Sie sich angewöhnen, morgens ein Stück Obst in Ihr Frühstück zu integrieren, als Zwischenmahlzeit ebenfalls eine Banane oder einen Apfel naschen, zu Mittag eine Gemüsebeilage wählen und auch abends einfach in eine frische Karotte oder Paprika beißen. Wenn Sie einen Salat essen, haben Sie schon ausgesorgt.

- *Getrocknete Aprikosen* enthalten besonders viel Betacarotin. Knabbern Sie einfach welche statt Süßigkeiten zwischendurch!

- *Sojaprodukte* wie Tofu und Sojamilch sollten Sie ab und zu auf Ihren Einkaufszettel schreiben. Wer Soja isst, bleibt länger jung, heißt es. Bestimmte Pflanzeninhaltsstoffe wirken ähnlich wie das weibliche Hormon Östrogen und werden Isoflavone genannt. Gerade für Frauen in den Wechseljahren wirkt sich eine sojareiche Kost günstig aus. Japanerinnen, die traditionell mehr Sojaprodukte essen als wir, *klagen weniger über klimakterische Beschwerden. Isoflavone stecken neben Soja auch in Rhabarber, Erbsen, Linsen, Kichererbsen und Rotklee. Einen ähnlichen Effekt haben Shiitake-Pilze, geschrotete Leinsamen und grüner Tee, der reich an pflanzlichen Östrogenen ist.*

- *__Ausreichender Schlaf__ ist wichtig auch für den Abbau von Schadstoffen, denn die dafür verantwortlichen Enzyme arbeiten im Schlaf besonders gut.*

- *__Apfelessig__ ist, wie schon erwähnt, ein bewährtes Hausmittel.*
  Ein kleiner Tipp: Äußerlich angewandt ist Apfelessig ein Schönheitsmittel für Haut und Haare. Reiben Sie sich nach dem Duschen mit Apfelessig ab: Das strafft die Haut und macht sie rosig und geschmeidig.

- *__Fett ist nicht gleich Fett.__ Zu beachten ist das „American Paradox": Fettwanstige Amerikaner und Amerikanerinnen schieben einen Einkaufswagen voller low-fat und light-Produkte durch den Supermarkt. Auch in unseren Breitengraden nehmen Herz-Kreislauf-Erkrankungen, Diabetes und Übergewicht bereits bei Kindern zu. Es ist wissenschaftlich erwiesen, dass bestimmte Fette wie Pflanzenöle oder Fischöl lebenswichtig für den Menschen sind. Entscheidend ist die Qualität und die Menge des Fettes, das wir mit der Nahrung aufnehmen. Pauschal kann man sagen, dass gesättigte Fette, das sind vor allem tierische Fette, den Cholesterinspiegel erhöhen, wogegen ungesättigte Fettsäuren denselben senken. Dazu gehören die Ölsäure in Olivenöl und die meisten Pflanzenöle wie Sonnenblumen-, Distel- und Maisöl. In Kreta werden die Menschen sehr alt, das liegt vor allem am regelmäßigen und hohen Gebrauch von hochwertigem Olivenöl, und der tut dem Herzen gut. Auch Rapsöl ist gesundheitlich von hohem Nutzen, denn es enthält die sogenannte Alpha-Linolensäure, eine Omega-3-Fettsäure, die besonders vorbeugend und herzschützend wirkt. Omega-3-Fettsäuren stecken sonst vor allem in fettem Fisch wie Makrele, Hering und Lachs. Sie wirken Herz-Kreislauf-Erkrankungen entgegen und wirken stimmungsaufhellend. Wer intelligent ist, greift in die Fettnäpfchen – aber in die richtigen!*

- *__Glücklich mit kleinem Glyx.__ Der Begriff kommt aus der Diabetikersprache und bestimmt wie schnell Kohlenhydrate im Körper in einfachen Zucker umgewandelt werden. Insulin macht dick, weil es den Fettabbau verhindert. Wir essen im allge-*

meinen zu viel zuckerhaltige Lebensmittel mit einem hohen glykämischen Index: Brote, Weizenmehlprodukte, Puddings, Limos, Colas und Saftgetränke. Je höher der Glyx desto schlechter. Einen hohen Glyx haben Weißmehlprodukte, Cola, Pommes, einen niedrigen Wert bringen Vollkornprodukte und die meisten Obst- und Gemüsesorten auf. Meiden Sie also Süßes und schlechte Kohlenhydrate! Die Kombination Fett plus hoher Glyx ist besonders fatal, denn dieses Duo verhindert die Fettverbrennung besonders heftig. Deshalb lieber keine Pizza, Currywurst oder Wurstsemmel. Statt dessen: Fleisch mit Vollkornreis oder Vollkornsemmel mit Käse. Für alle, die abnehmen wollen, ist das Buch „Glyx Diät" von Marion Grillparzer zu empfehlen, die gute Anregungen hat und vor allem die „schlechten" Kohlenhydrate verteufelt. Allerdings ist vor einseitigen Schlüssen zu warnen, jeder Körper reagiert schließlich anders und braucht etwas anderes.

● *Dinner-Cancelling* heißt der Geheimtip, der längst keiner mehr ist. Es handelt sich lediglich um die modernere Ausdrucksweise des altbekannten Spruchs: „Iss morgens wie ein Kaiser, mittags wie ein König, abends wie ein Bettelmann". Was die Volksweisheit schon immer sagte, ist jetzt auch medizinisch belegt: Wer mindestens einmal in der Woche das Abendessen auslässt, bleibt jünger. Denn wenn der Magen leer bleibt, kann sich der Organismus getrost der Regeneration der Zellen widmen. Abendliche Enthaltsamkeit fördert die Hormonproduktion, die den biologischen Alterungsprozess aufhalten: Es handelt sich um die Jungbrunnen-Hormone Somatropin und Melatonin. Wer also asketisch isst und nicht über die Stränge schlägt hat beste Aussichten ein Methusalem zu werden. Allerdings ist es oft schwer (und vielleicht auch nicht immer erstrebenswert) auf abendliche Einladungen und auf das soziale Miteinander zu verzichten, das sich so oft beim abendlichen Essen abspielt. Wer möchte das gemeinsame Abendessen in der Familie, mit Arbeitskollegen oder Freunden missen, die anregenden Gespräche und lustigen Runden? Wer zwei mal pro Woche aufs Abendessen verzichtet tut sich auch schon was Gutes und muss sich nicht zum sozialen Spielverderber abstempeln lassen. Wer auch das nicht packt, kann sich mit dem Lebensstil der Spanier und Italiener trösten: Die tafeln ab frühestens acht Uhr abends und bis spät in die Nacht – und haben trotzdem eine hohe Lebenserwartung. Bleibt die Frage, was gesünder ist: Striktes Dinner-Cancelling oder ein festes „social net" als Abendessen mit guten Freunden!

Fasten und Entschlacken

- **Erst mal abwarten - und Tee trinken!** *Ob ein fruchtiger roter Tee, ein frischer Darjeeling, ein herber Green Sencha, Tee ist der Garant für Gelassenheit und ein echter Seelenwärmer. Kaffeetrinker haben den Ruf aktiv, etwas nervös und Workaholics zu sein: Immer fit, bereit, Höchstleistung zu vollbringen und bis in die Nacht hinein zu arbeiten. Teetrinker stehen mit einer gewissen Ruhe und Gelassenheit darüber. Sie haben es nicht nötig, ihr Pulver zu verschießen, und haushalten mit ihren Kräften. Tee symbolisiert fernöstliche Ruhe, Harmonie und Entspannung statt Stress. Welche Sorte Sie bevorzugen, spielt dabei eine untergeordnete Rolle.*

- **Roiboosh- oder Massaitee** *stammt aus dem westlichen Südafrika. Die Teeblätter werden nach der Ernte etwa 24 Stunden fermentiert.*
  Roibooshtee enthält kein Koffein, weshalb er zu jeder Tages- und Nachtzeit getrunken werden kann, ohne dass man sich vor Schlaflosigkeit oder Nervosität fürchten muss. Medizinmänner glauben an die heilende Kraft des Tees: Er soll gegen Rheuma, Akne, Allergien – und gegen Falten helfen!

- **Lapacho-Tee** *wird aus der Baumrinde des gleichnamigen Baumes hergestellt. Er enthält kaum Gerbstoffe und hat einen sehr zarten, milden Geschmack. Die brasilianische Medizin lobt seine vielseitige Heilkraft von Impotenz bis Grippe. Bedeutend ist sein hoher Mineralstoffgehalt wie Kalium, Eisen, Mangan und Jod.*

- **Grüner Tee** *stammt vom gleichen Strauch wie schwarzer, er wird jedoch nicht fermentiert, das heißt, das Grün der Blätter bleibt erhalten. Grüner Tee enthält demnach mehr von den positiven Inhaltsstoffen der Pflanzen wie Kalium und Fluor und viele sogenannte sekundäre Pflanzenstoffe. In aller Munde ist die antioxidative Wirkung des grünen Tees, der freie Radikale bekämpfen und zum Beispiel Krebs vorbeugen kann.*

- **Schwarzer Tee** *belebt und entspannt. Die Palette der Schwarztees ist breit. Beliebt sind Assam, Darjeeling, Ceylon Tee und ostfriesische Mischungen. Die Wirkung des Tees ist sehr unterschiedlich und hängt von zwei sich ergänzenden Inhaltsstoffen ab: dem Koffein und dem Gerbstoff Tannin. Das Kaffee-Koffein wirkt sehr schnell, wogegen das Koffein des Tees sich erst vom Tannin lösen muss, um zu wirken. Daher tritt die Wirkung verzögert und langsamer ein als beim Kaffeegenuss, hält* *aber auch länger an. Allgemein gilt: Je länger ein Tee zieht, desto mehr beruhigende Gerbstoffe werden frei.*

● *Der aus Südamerika stammende **Matetee** ist mittlerweile auch bei uns in den meisten Supermärkten erhältlich. Seine Blätter stammen von Matebaum, einer Palmenart. Es wird ihm eine appetitzügelnde Wirkung nachgesagt. Sein Koffeingehalt ist so hoch wie die des Kaffees, also höher als des Schwarztees.*

● ***Pu-Erh-Tee** ist sehr in Mode gekommen. Er sieht mit seiner tiefroten Farbe in der Tasse lecker aus, hat allerdings einen sehr gewöhnungsbedürftigen Geschmack. Er soll ein wahrer Fett-Killer sein, wissenschaftliche Studien stehen allerdings noch aus.*

Wer gerne und viel Tee trinkt, sollte auf Kontrollgarantieen des Teehändlers achten, denn viele Sorten sind stark mit Pestiziden belastet. Gesundheits- und umweltbewusste Teetrinker sollten daher bevorzugt Ökoprodukte kaufen.

● ***Algen** sind seit der Sushi-Welle Ende der Achtziger voll im Trend. Die feinen Algenblätter, so dünn wie Pergamentpapier, sind nicht nur schön anzusehen, in der Alge stecken auch gesundheitlich äußerst nützliche Inhaltsstoffe wie ein hoher Eiweißgehalt, die Vitamine A, B und C, Mineralstoffe wie Phosphor, Calcium, Eisen, Jod und Kalium und viele Ballaststoffe. Wem`s schmeckt, der sollte öfters mal Sushi statt Pizza verzehren! Aber Vorsicht: Algen speichern auch die Schadstoffe aus dem Meer.*

„*Wenn du einen Hügel hinaufrennst,*
kannst du ruhig aufgeben,
sooft du willst – solange deine
Füße in Bewegung bleiben."

Dan Millman

Weniger ist mehr

Haben Sie ein schlechtes Gewissen, weil Sie nicht zu den Mallorca-Charts im Fitness-Center irgendwelchen Choreographien von durchgestylten Aerobic-Lehrern hinterherkeuchen, weil Sie schon wieder den Aufzug in den 2. Stock benutzt haben, anstatt – wie man es überall liest – die Treppe zu benutzen? Vielleicht können wir Sie beruhigen. Ein bisschen zumindest, denn ganz ohne Bewegung geht es wirklich nicht.

Mit schweißtreibendem Fitnesswahn und Fitness-Lügen wollen wir jedoch Schluss machen und Ihnen in diesem Kapitel vorstellen, wie Sie mit bewusster Bewegung von Ihrem Lehreralltag entspannen und dabei Ihren Muskeln etwas Gutes tun.

Bleiben Sie in Bewegung!

Nehmen Sie von der Vorstellung Abstand, Sie als der Risikogruppe Lehrer zugehörig seien eigentlich krank und seien daher ständig Zusammenbrüchen nahe. Und doch sollten Sie besonders auf Ihre Gesundheit und Ihr körperliches und seelisches Wohlbefinden achten. Sich aufgrund einer Panikmache von Seiten der Medien mit schlechtem Gewissen ins nächstbeste Fitnessstudio zu stürzen, ist sicher nicht der richtige Weg. Würde man den Ratschlägen vieler Trendmagazine folgen, müsste man bereits im Bett Dehnübungen machen, bevor man zum Power-Yoga übergeht, um anschließend Bircher-Müsli mit Multivitamin-Präparaten zu sich zu nehmen. Dann joggt man am besten zur Arbeit, wo man dann topfit und gut gelaunt seinen Alltag bestreitet. Diese Art von Gesundheitsvorsorge ist nicht nur unrealistisch, sondern auch völlig daneben. Der

Weg zu Gesundheit und Wohlbefinden ist, auf seinen eigenen Körper zu hören, aufmerksam zu sein, zu fühlen, was man wann braucht. Was für den einen gut ist, muss es nicht notwendig auch für einen anderen sein. Dieses Gesundheitsverständis ist eines der ältesten die es gibt und zeigt sich in den verschiedenen alten Konstitutionslehren wie etwa der Traditionellen Chinesischen Medizin oder des Ayurveda. Der Leitgedanke dieser Medizin lautet ganz einfach, dass die Menschen verschieden sind und unterschiedlich reagieren. Vertrauen Sie auf sich und Ihre Fähigkeiten und: Überfordern Sie sich nicht!

Nicht übertreiben!

Dr. Frank hat in seinem neuen Buch „Gesundheitscheck für Führungskräfte" keine ursächlichen Zusammenhänge zwischen Bewegung und Lebensverlängerung gefunden. Allerdings sei es auffallend, dass immer dann Bewegungseinheiten positiv auf den Körper wirken, wenn sie im Freien absolviert werden. Auch sei eine mäßige Bewegung, also ca. 2000 Meter täglich, positiv zu bewerten. Ganz entscheidend sei es, dass einem die Betätigungen auch Spaß machen. Jemand, der zum Tennisspielen geprügelt wird, wird sich sicherlich anschließend nicht fit und gut fühlen. Der Trend geht eindeutig weg vom schädlichen Sportstress und hin zu kleinen Betätigungen im Alltag. Kein Joggingwahn, der den meisten nichts als Laufstress bringt, sondern mäßige Bewegung für ein längeres Leben.

Sport soll Spass machen!

Regelmäßige Bewegung schützt Ihren Körper und tut Ihrer Seele gut. Schon mit simplen Alltagsveränderungen bringen Sie Bewegung in Ihr Leben: nehmen Sie öfters mal das Rad zum Bäcker oder laufen Sie, gehen Sie am Abend noch eine Runde spazieren und nehmen Sie wirklich die gute alte Treppe, bewegen Sie sich im Klassenzimmer und stehen oder sitzen Sie nicht die ganze Zeit. Achte Sie auf bewussten Körpereinsatz und bewegen Sie sich öfters.

Wenn Sie nicht gerade Sportlehrer und gut trainiert sind, eignet sich Walking, also rasches Gehen, zum Einstieg am besten. Erstens ist es sehr einfach zu lernen, zweitens ist es easy anzuwenden und kostengünstig, drittens stark gesundheitsfördernd und viertens verbraucht es viel Fett. Walken ist nichts für Langweiler, denn schnell walken ist viel anstrengender als Joggen! Im Gegensatz zum Jogging werden jedoch die Gelenke weniger belastet. Statt japsend und mit dunkelrotem Kopf über Stock und Stein zu jagen, können Sie sich auf die Natur einlassen und schonen Ihre Gesundheit. Denn Extrem-Jogging ist genauso ungesund wie überhaupt keine Bewegung. Folgen übertriebener körperlicher Verausgabung können Erkältungskrankheiten, Schlafstörungen und Konzentrationsschwierigkeiten sein und Stress. Und der ist schlecht fürs Immunsystem und schädigt auf Dauer das Herz. Dürre, gereizte Fitnessfreaks leben genauso ungesund wie Dicke. Wenn Sie jedoch Sport mit Grips betreiben, auf Ihren Körper hören und nicht übertreiben, haben Sie das beste und billigste Anti-Aging-Mittel zur Hand: Bewegung!

Walken – das sanfte Fitnessprogramm.

Sanfter Sport, mäßige und stetige Bewegung fördert Ihre Ausgeglichenheit, hebt die Stimmung, entspannt und ist gut fürs Gehirn.

Beinarbeit

Richtiges Training heißt, auf sein eigenes Herz zu hören. Bei sportlicher Betätigung muss das Herz mehr leisten, braucht mehr Energie als im Ruhezustand und schlägt daher schneller.

Wichtig: Überfordern Sie sich nicht! Hören Sie auf Ihren Puls, der Ihnen Ihre persönliche Trainingsintensität genau vorgibt, und vor allem auf Ihren Körper! Orientieren Sie sich nicht blind nach einem Pulsmessgerät, während Ihre Hände zittern und Sie übermäßig schwitzen!

Seien Sie mit dem Herzen dabei.

Auf Ihren morgendlichen Runden durch den Park werden Ihnen sicher viele Walker begegnen, doch Vorsicht! Nicht alle können es wirklich! Wichtig ist eine aufrechte Körperhaltung und entspanntes, zügiges Gehen. Lassen Sie die Arme nicht einfach hängen, sondern schwingen Sie sich locker mit. Den Ellenbogen beugen Sie dabei maximal um 90 Grad, Ihre Hände führen Sie möglichst locker nach vorn zum Körper. Nehmen Sie nicht zu große Schritte und wählen Sie ebene Wege! Zweimal 15 Minuten Walken in der Woche reichen aus. Sie sollten unbedingt auf gutes Schuhwerk achten. Hier die billigste Variante zu wählen, würde heißen, am falschen Eck zu sparen, denn vernünftige Schuhe sind gut gepolstert, damit Sie Ihren Gelenken nicht schaden.

Raus an die frische Luft!

Wandern ist die Steigerung des Spazierengehens, weil meist längere Strecken zurückgelegt werden. Aber der Zweck ist derselbe: Bewegung an der frischen Luft und mit wachen Augen die Natur genießen. Wandern in der Natur macht außerdem Spaß

– besonders wenn man ein verlockendes Ziel vor Augen hat! Die Ausrüstung ist nicht sehr aufwendig, gutes Schuhwerk und wetterfeste Klamotten sind hilfreich, wenn Sie möchten, können Sie sich auch einen kleinen Rucksack mit Proviant packen.

Wasserfest

Fühlen Sie sich statt auf der Erde im Wasser ganz in Ihrem Element? Dann ist Schwimmen genau die richtige Sportart für Sie! Im Wasser wird Ihr Körper schwerelos und leicht, die Belastung Ihrer Gelenke ist am geringsten von allen Sportarten. Wer glaubt, nur Kachelzähler könnten dieser Sportart etwas abgewinnen, und falsche Vorurteile von Omis hegt, die schleichend ihre Bahnen ziehen, liegt daneben. Schwimmen ist eine abwechslungsreiche Sportart, die Ihrer Fitness sehr zugute kommt! Sie stärken Ihr Herz, verbessern die Lungenfunktionen und tun Ihren gesamten Muskeln etwa Gutes. Gerade wenn Sie unter Gelenkschmerzen leiden oder übergewichtig sind, ist Schwimmen die vernünftige Alternative zum Joggen, denn Sie verlieren Fett ohne Ihre Gelenke zu strapazieren. Am schonendsten ist das Kraulen und Rückenschwimmen. Brustschwimmen dagegen, was aufgrund des ruhigen Stils besonders beliebt bei den Damen ist, kann zu Rückenschmerzen führen. Nehmen Sie also besser ein paar Wasserspritzer auf der Frisur in Kauf und lernen Sie richtig Kraulen! Achten Sie auch auf Ihre Atmung: Über Wasser kurz Luft holen, unter Wasser lang ausatmen. Vielleicht nehmen Sie für den Anfang an einem Kraul-Schwimmkurs teil – dann können Sie die wichtigsten Bewegungsabläufe und schaden sich garantiert nicht selbst. Zwanzig

Spass und Sport.

Minuten Schwimmen in der Woche sind in Ordnung. Schwimmen Sie immer so, dass Sie nicht nach jeder Bahn fix und fertig am Beckenrand hängen, sondern immer gleichmäßig weiterschwimmen können. Häufiges Baden in gechlortem Wasser trocknet Ihre Haut aus. Achten Sie also auf eine gründliche Hautpflege nach dem Aufenthalt im kühlen Nass und cremen Sie sich gut mit einer fetthaltigen Creme oder Lotion ein.

Schwerkraft

Optimal für Fitness und Gesundheit ist außerdem ein vernünftiges und sanftes Krafttraining. Assoziieren Sie bitte nicht gleich Arnold Schwarzenegger und maskuline Damen! Achten Sie auch hier wieder auf Ihren Körper, denn Body-Styling, wie es auch so schön heißt, soll und darf nicht weh tun. Niedrige Gewichte bei häufigeren Wiederholungen bringen den effektivsten Nutzen! Krafttraining schützt den Rücken und kann altersbedingten Muskelabbau stoppen. Ganz wichtig ist es bei der Auswahl des Fitnessstudios ganz pingelig zu sein. Da kann man gar nicht oft genug hinsehen und sich beraten lassen. Ein Diplomsportlehrer sollte auf jeden Fall angestellt sein, der Sie fachkundig beraten kann. Die hygienischen Voraussetzungen sollten natürlich auch optimal gegeben sein (besonders Sauna, Umkleidekabinen und Duschen begutachten!). Fragen Sie danach, ob die Geräte TÜV geprüft sind, und achten Sie auf ihre Sauberkeit. Allerdings kommt es bei der Wahl des richtigen Studios nicht nur auf messbare Fakten, sondern auch auf Ihr Gefühl an: Gefällt Ihnen die Umgebung, sagen Ihnen die Leute zu, mögen Sie die Einrich-

Niedrige Gewichte bei häufigeren Wiederholungen bringen den effektivsten Nutzen!

tung, fühlen Sie sich wohl? Überlegen Sie genau, welche Geräte Ihnen wichtig sind und ob diese Ihren Ansprüchen genügen. Gute Center bieten außerdem Schnupperkurse an und setzten Sie nicht mit einem Vertrag unter Druck.

Egal, wie Sie sich betätigen, es gilt auch hier: Weniger ist mehr! Eifern Sie bitte nicht irgendwelchen Schönheitsidealen aus der Werbung hinterher, akzeptieren Sie Ihren Körper so wie er ist! Mit zu viel Sport schaden Sie Ihrer Gesundheit genauso wie durch Untätigkeit. Schon mit einer Stunde Sport in der Woche können Sie Ihre Fitness deutlich steigern. Eine halbe Stunde Walken, anschließend eine halbe Stunde Stretching wären zum Beispiel optimal. Leistungssport kann genauso „gesund" sein wie beruflicher Dauerstress. Beide Arten schaden Ihrem Körper und machen Sie auf Dauer lustlos und unzufrieden. Es ist erwiesen, dass zusätzlicher Druck im Freizeitbereich nicht gerade gesundheitsfördernd ist.

Es gilt auch hier, Weniger ist mehr!

Qi Gong

Eine interessante und in China schon seit 2000 Jahren praktizierte und bewährte Abwechslung zu den üblichen Sportarten sind die Ba Duan Jin, die „acht Brokate". Es handelt sich um eine Reihe von heilgymnastischen Übungen, die sowohl der körperlichen, als auch der seelischen Gesundheit dienen und somit ein ideales Ausgleichsprogramm darstellen können. Die Übungen, von denen zwei im Folgenden vorgestellt werden sollen, sind auch für Anfänger leicht zu erlernen und ohne jeglichen Aufwand durchzuführen.

„Heiterkeit, körperliche Bewegung und Mäßigkeit sind die besten Ärzte."

M. Grimm

Zur **Vorbereitung** stellen Sie sich mit leicht gebeugten Beinen locker hin und versuchen, sich auf Ihre Atmung zu konzentrieren. Atmen Sie dabei durch die Nase und machen Sie sich bewusst, wie die Luft durch den Brustraum strömt und die Bauchdecke sich hebt und senkt.

Den Bogen nach links und rechts spannen, um auf den Adler zu zielen

Stellen Sie sich breitbeinig hin und gehen Sie mit geradem Rücken in die Knie. Die Zehen zeigen leicht nach außen, die Arme hängen locker herunter. Heben Sie nun während des Einatmens die Hände vor dem Körper bis auf Brusthöhe, wobei die Handflächen nach unten und die Finger zu einander weisen. Die Ellenbogen heben sich dabei mit. Während des Ausatmens bilden Sie mit den Fingern der linken Hand die Pfeilhand, wobei Sie den Daumen an den Nagel des Ringfingers legen, Zeige- und Mittelfinger aber ausgestreckt bleiben. Strecken Sie nun den Arm mit der Pfeilhand waagerecht nach links. Die Augen folgen der Pfeilhand. Gleichzeitig bilden Sie mit der rechten Hand eine leicht geschlossene Faust, bei der der Daumen auf dem zweiten Gelenk des Zeigefingers liegt. Ziehen Sie nun den Arm mit der Faust nach rechts, als wollten sie die Sehne eines Bogens spannen, wobei der Ellbogen auf Schulterhöhe bleibt. Beim Einatmen führen Sie die beiden Hände wieder vor den Körper zurück und öffnen sie. Die Handflächen zeigen nun wieder nach unten.

Atmen Sie aus, während Sie die Hände vor ihrem Körper nach unten senken und sich wieder völlig entspannen.

Ziele dieser Übung sind es, die Beine, Hüften und den Brustbereich zu stärken, aber auch die Konzentrationsfähigkeit zu fördern und zu innerer Ruhe zu verhelfen.

Abbildungen mit freundlicher Genehmigung entnommen aus:
Friedrich, Andreasa W.: Qi Gong. Ba Duan Jin. Die acht edlen Übungen.
P. Kirchheim Verlag, München, 2. Auflage 2003

Die Fäuste ballen und mit den Augen funkeln, um die Qi-Kräfte zu vermehren.

Auch diese Übung beginnen Sie damit, dass Sie sich breitbeinig hinstellen und mit geradem Rücken etwas in die Knie gehen. Die Zehen zeigen leicht nach außen und die Arme hängen locker herunter. Während Sie einatmen, bringen Sie die zu Fäusten geschlossenen Hände vor die Brust, die Ellenbogen zeigen dabei nach außen. Der Abstand der Hände zum Körper sollte etwa zehn Zentimeter betragen.

Beim Ausatmen boxen Sie mit der linken Faust horizontal nach links und folgen der Bewegung mit dem Blick. Achten Sie darauf, dass die Armmuskulatur entspannt bleibt. Gleichzeitig ziehen sie den rechten Arm nach rechts. Beide Arme bleiben auf Schulterhöhe, die Faustflächen zeigen nach unten und werden am Ende der Bewegung kraftvoll geballt.

Beim erneuten Einatmen entspannen Sie sich wieder und bringen die linke Faust zurück vor die Brust. Heben Sie dann beide Fäuste weit über den Kopf.

Atmen Sie aus, während Sie die Hände in einem Bogen mit den Handflächen nach außen wieder sinken lassen und in die Ausgangsstellung zurükkkehren.

Diese Übung stärkt die Muskulatur der Arme und Beine und stimuliert darüber hinaus auf positive Weise die Hirnrinde und die Nerven.

Beide Übungen, wie auch die anderen Übungen der „acht Brokate", sollten mehrmals wiederholt und nach links und rechts ausgeführt werden.

Resümee

Atmen Sie auf und machen Sie getrost einen großen Bogen um Sportwettkämpfe aller Art, gestählte
Fitnessfreaks, die meinen, Ihnen Ihre Philosophie
aufschwatzen zu müssen, und sein Sie klüger: Slow
motion ist angesagt! In erster Linie soll Ihnen Bewegung und sportliche Betätigung Freude machen
und zu Ihrem Wohlbefinden beitragen. Wenn Sie
gerne Unkraut jäten und Hecken stutzen, tut auch
Gartenarbeit Ihr Gutes, denn körperliche Arbeit an
der frischen Luft, die Spaß macht – was kann es
schöneres geben?

*Chancen für ein langes
Leben, Körper und Geist beweglich halten!*

Eine gute Idee, täglich an die frische Luft zu
gehen, ist, sich einen Hund anzuschaffen. Wenn Sie
täglich Gassi gehen, haben Sie Ihr Fitnesssoll erfüllt
und enorm viel für Ihre Gesundheit getan.

Tipps

● *Bewegung soll Spaß machen, entspannen und Ihnen und Ihrem Körper gut tun!
Vermeiden Sie zu viel Sport und setzen Sie sich nicht Wettkämpfen aus, die zusätzlich Stress bedeuten.*

● *Regelmäßige Bewegung ist der Garant für ein langes Leben. Spaziergänge, Walking
und Schwimmen sind ideal.*

● *Ernähren Sie sich zusätzlich gesund und vitaminreich, um sich von innen gegen
freie Radikale zu schützen (vor allem Vitamine A, C und E).*

● *Bei Beschwerden oder Schmerzen suchen Sie bitte immer einen Arzt auf. Machen
Sie grundsätzlich einen Gesundheits-Check, bevor Sie sich körperlich betätigen. Auf
diese Weise erfahren Sie auch, welcher Sport am besten für Sie geeignet ist.*

„*Entspannen sollte man sich
immer dann,
wenn man keine Zeit dazu hat.*"

(unbekannt)

Jeder Mensch hat einen unterschiedlichen Charakter und unterschiedliche Dispositionen. So wie jeder etwas anderes als Stress empfindet, so gibt es auch verschiedene Möglichkeiten, zur inneren Ruhe zu finden und seine Energiereserven wieder aufzutanken.

Reiki

Reiki ist eine über 2000 Jahre alte tibetanische Heilweise. Bei Reiki wird Energie über die Hände weitergegeben. An bestimmten traditionellen Körperstellen werden durch Handauflegung die Selbstheilungskräfte mobilisiert und eine angenehme Entspannung hervorgerufen. Diese Heilmethode wird in bestimmten Fortbildungszentren, unter anderem auch an der Volkshochschule, gelehrt.

Bei Reiki wird Energie über die Hände weitergegeben.

Autogenes Training

Das autogene Training basiert wesentlich auf autohypnotischen Techniken. „Autogen" bedeutet so viel wie „selber machen". Der Mensch kann seine Körperfunktionen wie Herzschlag, Temperatur und bestimmte Wahrnehmungen bewusst verändern. Im autogenen Training nutzen wir diese enge Körper-Geist-Bindung, und indem man Mantras oder Formeln wiederholt, bringt man sich in den gewünschten Bewusstseinszustand. Wie etwa: „Mein Bein wird ganz schwer und warm", „Ich werde ruhig und gelassen".

Neben körperlichen Veränderungen wie Lockerung der Muskeln und Verlangsamung des Atems treten auch psychische Veränderungen auf wie eine angenehme Ruhe, Erholung und Gelassenheit. Gerade depressive und nervöse Menschen können mit Hilfe des autogenen Trainings viel erreichen. Das autogene Training erfreut sich mittlerweile großer Bekanntheit und Beliebtheit, da man es sehr gut in den Alltag integrieren kann.

Meditation

Eigentlich ist die Meditation eine religiös motivierte Versenkungsübung. Sie stammt aus dem östlichen Kulturkreis und bedeutet ein „Weg nach innen". Mithilfe von körperlicher Entspannung, Schweigen und innerem Bewusstwerden soll man Gelassenheit und Harmonie erreichen. Individuelle Bedürfnisse, Schmerzen etc. werden ausgeschaltet, um mit dem Höchsten, dem Absoluten, dem All-Einen eins zu werden.

Ziel der Meditation wie auch des Yoga ist weniger die körperliche Entspannung als geistiges Wachstum. Der Meditierende nimmt dabei eine ganz bestimmte Körperhaltung ein und konzentriert sich auf ein Mantra (das ist ein sinnentleertes Klangwort), auf ein „Koan" (das ist ein Paradoxon) oder auf den eigenen Atem. Der Anfänger sitzt am besten im Schneidersitz auf dem Boden. Die stresstherapeutische Wirkung von Meditation oder Yoga kann übrigens sehr groß sein.

Die stresstherapeutische Wirkung von Meditation oder Yoga ist sehr groß.

Stress-Impfung

Die Stress-Impfung soll, wie der Name schon sagt, den eigenen Organismus gegen Stress immun machen. Das Training wird präventiv, also vorbeugend, angewandt und hat beispielsweise für Menschen, denen eine besonders schwierige Situation

Die Stress-Impfung wirkt vorbeugend.

bevorsteht, wie etwa eine Operation, einen großen Nutzen. Die Menschen sind weniger ängstlich, zeigen mehr Zuversicht und Gelassenheit.

Das Training besteht darin, die körperlichen Symptome von Schmerz, Angst, Unwohlsein etc. sehr bewusst wahrzunehmen, also Veränderungen des Herzschlags, des Atems, der Schweißabsonderung, des Blutkreislaufs, mögliche Muskelanspannungen usw. Bestimmte Entspannungsverfahren können diese körperlichen Reaktionen auf Stress und Angst eindämmen. Die Übung geht dahin, dass man sich bestimmte Stresssituationen vorstellt, sich der eigenen negativen Denkvorgänge bewusst wird und statt dessen sich selbst in Form von Selbstgesprächen Mut zuspricht.

Feldenkrais

Diese Methode von Moshe Feldenkrais gründet auf der Annahme, dass der Mensch im wesentlichen von drei Faktoren geprägt ist: der Vererbung, der Erziehung und der Selbsterziehung. Nur letzteres kann man selbst beeinflussen.

Nach Feldenkrais kann man sein eigenes Verhalten gegenüber seinen Gefühlen, dem Verstand und gegenüber dem eigenen Körper ändern. Der Weg geht über eine Sensibilisierung der eigenen Gefühle und Bedürfnisse, die durch Körperarbeit erreicht werden kann.

Bioenergetik

Diese Lehre will durch Massage und Entspannungsübungen Muskelverhärtungen, die als eine Art Schutzpanzer gesehen werden, abbauen, um die

Bioenergetik – diese Lehre will durch Massage und Entspannungsübungen Muskelverhärtungen abbauen.

gebundene Energie zu befreien. Je lebendiger und energetischer ein Körper ist, desto mehr lebt dieser Mensch. Ziel ist, dem einzelnen Menschen wieder zu seiner wahren Natur zu verhelfen, einem Zustand der Schönheit, Freiheit und des Charmes.

Im Mittelpunkt der Idee steht das Herz, das von Muskelpanzern umgeben und geschützt ist. Jeder Mensch baut sich im Lauf seines Lebens bestimmte Abwehrmechanismen auf, um sein Herz zu schützen. Die Bioenergetik untersucht diese Mechanismen und möchte das Herz wieder erreichen.

Aromatherapie

Wohlriechende Düfte stellen die innere Harmonie wieder her.

Strapazierte Nerven zerren an Ihrer inneren Balance? Wohlriechende Düfte stellen die innere Harmonie wieder her. Aromatische Pflanzenessenzen werden seit ewigen Zeiten für Heilzwecke eingesetzt. Die enorme Wirkung von Duftölen erklärt sich durch die unmittelbare Wirkung auf unser Nervensystem. Die Geruchsrezeptoren in der Nase sind Ausläufer des Nervensystems. Der Duft wird an den Hypothalamus weitergeleitet, der zahlreiche Körperfunktionen wie Temperaturregulation, Durst und Hunger, Schlafrhythmus und Gefühle koordiniert und für unsere Stimmung verantwortlich ist. Bestimmte Düfte können ausgleichend auf uns einwirken und – zu Hause angewandt – eine angenehme Atmosphäre schaffen. Sie können die Öle direkt auf die Haut auftragen, wobei Sie mit der Dosierung äußerst sparsam umgehen sollten. Kleinste Mengen genügen, um die erwünschte Wirkung zu erzielen: Zu viel schadet nur und kann unter Umständen allergische Reaktionen hervorrufen. Sie können auch einige Tropfen der Öle in eine Duftlampe geben und verdunsten lassen. Wie wäre es, wenn Sie Ihr Klassenzimmer in einen sanften Rosmarin- oder in einen frischen Minzduft tauchen? Warten Sie Ihre und die Reaktion der Schüler ab.

Entspannend wirken Ylan-Ylang, Bergamotte und Iris, eine eher anregende Wirkung haben dagegen Rosmarin und Minze. Minze vertreibt auch Kopfschmerzen und beugt Migräne vor. Geben Sie eine 10%ige Lösung Pfefferminzöl (aus der Apotheke) auf die Schläfen und massieren Sie es sanft ein. Lavendel hüllt uns in einen angenehmen und entspannenden Schlaf. Geben Sie drei Tropfen Lavendelöl auf das Bettlaken oder legen Sie ein Lavendelsäckchen in die Bettritze. Der Duft entspannt die Sinne und fördert den erholsamen Schlaf. Basilikum hilft gegen Depressionen, Eukalyptus wirkt entkrampfend und schleimlösend. Zitrone erfrischt, regt die Durchblutung an und fördert die Konzentration. Rosenduft wirkt wunderbar sinnlich und harmonisierend, die Bitterorange Neroli sorgt für Ruhe und gute Stimmung.

Progressive Relaxation

Bei der Progressiven Relaxation oder auch Progressiven Muskelentspannung geht es darum, eine willentliche Kontrolle über bestimmte Muskelgruppen auszuüben. Edmund Jacobson erkannte, dass innere Unruhe, Stress und Nervosität mit einer Anspannung der Muskulatur einhergehen. Ist ein Mensch innerlich verspannt, verkrampfen sich auch seine Muskeln. Allerdings gilt auch der umgedrehte Fall: Werden die Muskeln gelockert, lösen sich auch bestimmte Anspannungen in unserem Inneren. Wir fühlen uns gelockert, erholt und ent-

Werden Muskeln gelockert, lösen sich auch Anspannungen in unserem Inneren.

spannt. Wieder ein Beispiel für den engen Zusammenhang zwischen Geist und Körper! Die Progressive Muskelrelaxation erfreut sich wachsender Beliebtheit, da die Übungen etwas „handfester" sind als etwa beim autogenen Training. Außerdem gilt diese Methode wissenschaftlich am eindeutigsten bewiesen. Wie auch bei den anderen vorgestellten Entspannungstechniken steigern Sie auch hier Ihre Selbstaufmerksamkeit. Indem Sie sich selbst bewusster wahrnehmen und auf sich hören, können Sie Verspannungen bereits in den Anfängen beseitigen. Gerade wenn Sie nicht unter übermäßig schmerzhaften Verspannungen leiden, können Sie mit den Übungen große Erfolge erzielen.

Für alle Übungen brauchen Sie Geduld.

Es sei angemerkt, dass Sie für alle Übungen Geduld brauchen und sich nicht nach einmaliger Anwendung einen dauerhaften Erfolg erwarten können. Sie sollten die Übungen täglich anwenden und über mehrere Wochen ausüben. Am besten Sie belegen einen Kurs in der Volkshochschule, in spezielle Praxen und Gesundheitszentren.

- Ilies, Angelika: Gesund und natürlich entschlacken. Die bewährten Methoden der sanften Darmreinigung und Entgiftung. Goldmann Verlag, 2000.

- Gebauer-Sesterhenn, Birgit: Entschlacken 1x pro Woche. Gräfe und Unzer Verlag, 1999.

- Münzing-Ruef, Ingeborg: Kursbuch gesunde Ernährung. Die Küche als Apotheke der Natur. Wilhelm Heyne Verlag, 2000.

- Dr. Schrott, Ernst: Ayurveda für jeden Tag. Die sanfte Heilweise für vollkommene Gesundheit und Wohlbefinden. Goldmann Verlag, 1994.

- Muliar, Doris: Schönheit für wenig Geld. Falken Verlag, 2000.

- Temelie, Barbara und Trebuth, Beatrice: Das Fünf Elemente Kochbuch. Joy Verlag, 1993.

- Temelie, Barbara und Trebuth, Beatrice: Ernährung nach den Fünf Elementen. Joy Verlag, 1992.

- Stiftung Warentest „Test spezial": Ernährung. Sonderheft zu A1100E. ISSN: 1438-8642

- Fit for fun: Die neue Fit For Fun-Formel. Fit for Fun-Verlag, 6/03 Juni 2003. ISSN 0946-9680

- Prof. Dr. Axt, Peter / Dr. Axt-Gadermann, Michaela: Die Kunst, länger zu leben - Jugend ist keine Frage des Alters. Neue Anti-Aging-Strategien. Herbig Verlag, München, 2002.

- Prof. Dr. Axt, Peter / Dr. Axt-Gadermann, Michaela: Vom Glück der Faulheit – Langsame leben länger. So teilen Sie Ihre Lebensenergie richtig ein. Herbig Verlag, München, 2001.

- Bader, Iris / Möller, Christa: Brigitte - Sanfte Fitness und aktive Entspannung. Naumann & Göbel Verlagsgesellschaft, Köln.

- Dr. Frank, Günter: Gesundheitscheck für Führungskräfte. Campus Verlag.

- Friedrich, Andreas W.: Qi Gong. Ba Duan Jin. Die acht edlen Übungen. P. Kirchheim Verlag, München, 2. Auflage 2003.

- Huber, Andreas und Fuchs, Helmut: Gesund durch kluges Timing: Mit der Chronobiologie zu einem körperbewußten Lebensrhythmus. Hugendubel (Irisana), 2002.

- Dr. med Schrott, Ernst: Ayurveda für jeden Tag. Die sanfte Heilweise für vollkommene Gesundheit und Wohlbefinden. Mosaik Verlag, 1998.

- Lockstein, Carolin / Faust, Susanne: Chill out. Relaxing & refreshing. Gräfe und Unzer Verlag, 2001.

- Asgodom, Sabine: Balancing - das ideale Gleichgewicht zwischen Beruf und Privatleben. Econ Ullstein List Verlag, 2001.

- Dipl. Psych. Dr. Ohm, Dietmar: Lachen, lieben, länger leben. Genießen lernen, Lebenssinn finden, Freude und Glück erleben, Selbstheilungskräfte aktivieren; Gesundheitspsychologie im Alltag. TRIAS-Thieme-Hippokrates Enke, 1997.

Nützliche Adressen

- *World Health Organization (WHO)*
  www.who.org

- *Deutsches Ernährungsberatungs- und Informationsnetz (DEBInet)*
  www.ernaehrung.de

- *Zusatzstoffe*
  www.zusatzstoffe-online.de

- *Bundeszentrale für gesundheitliche Aufklärung*
  www.bzga-essstoerungen.de

- *Lipid-Liga*
  www.lipid-liga.de

- *Bundesverband Verbraucher Initiative*
  www.verbraucher.org

- *Deutsche Gesellschaft für Ernährung (DGE)*
  www.dge.de

- *Deutsches Institut für Ernährungsforschung*
  www.difi.de

- *Verband für unabhängige Gesundheitsberatung*
  www.ugb.de

- *Bundesforschungsanstalt für Ernährung*
  www.bfa-ernaehrung.de

- *Tai Chi Chuan Institut München Andreas W. Friedrich*
  Goethestraße 34, 80336 München
  Tel: 089 / 535361 und 089 / 898910-40
  Fax: 089 / 89 89 10-50
  E-Mail: info@taichi-online.de
  www.taichi-online.de